JN081960

これからの
教養
シリーズ

実践 仕事も人生もうまくいく アドラー心理学

Adlerian psychology

一般社団法人
日本アドラー心理学協会
代表理事
梶野真 監修

ナツメ社

はじめに

本書をお手にとっていただきありがとうございます。アドラー心理学は、いまや日本における知名度も高く、読者の皆様も、名前は聞いたことがあるという方が多いのではないでしょうか。

2003年、私は偶然にもアドラー心理学に出会いました。当時、まったくの無名ではあったものの、間違いなく私の人生に大きな影響を与えてくれました。アドラー心理学を学び、実践をしながら、さらなる探究心をもってアメリカへの留学を決意したほどです。当時、日本におけるアドラー心理学は、野田俊作先生や岩井俊憲先生をはじめとする先駆者の方々が地道な努力をされ、2013年、岸見一郎先生による「嫌われる勇気」で花が咲いたように思います。現在は翻訳もされ、海外のアドラー心理学関係者の手にも渡っています。日本におけるアドラー心理学の知名度、認知度は、どの国よりも高いと私は実感しています。

本書でも紹介している「創造力」の概念には、とりわけ大きな衝撃を受けたことを覚えています。自身を創造するのは自分自身、これは人間が生まれもった力であるとアドラーは言っています。この概念は「自己決定性」ともいわれ、遺伝や環境といった制限があるなかで、それでも自分で決めていると考えます。ここではじめて、私は「自分で決めていいんだ」と思うことができたのです。自分が何を思い、考え、どんな気持ちになるか。どんな行動を起こすか。すべては自分の決断です。「創造力」との出会いで、私の人生は大きく変化しました。

ですが、アドラー心理学を学び実践したからといって、何もかもうまくいくわけではありません。数々の困難に遭遇し、うまくいかないことや失敗することもあるでしょう。ここだけの話、アドラー心理学は、とてもきびしい心理学です。楽観的な心理学といわれていますが、それは〝すべてがうまくいっている〟というバラ色の楽観主義ではありません。というより、おかしな表現をすれば、すべてがダメダメなのです。そして、私たちが何もしないかぎり、ダメダメなままなのです。けれども私たち人間には、創造力があります。いつでも決断し直して、ダメダメな自分や社会を変えることができるのです。

「何を決断すればいいのか？」「どうしたら決断し直せるのか？」「どうしたら変われるのか？」と思うことがあれば、本書を読み進めてみてください。読者の皆様にとって役立つヒントに出会い、そして、日常生活において実践していただけることを願ってやみません。

一般社団法人アドラー心理学協会代表理事　梶野 真

Prologue

超訳・アドラー心理学

第1期

生まれながらの弱い部分が人の性格をつくっている

アドラー自身も体が弱かった。病気や体の弱さなどの身体的劣等性をどう補い、乗り越えるかによって、人の性格が決まると考えた。

アドラーの人物像と思想

1902年 フロイトと出会う

1895年 医師になる

1870年 オーストリアで誕生

人生の意味は何なのか、
どうすればうまくいくのか。
アドラー心理学にはその答えがあります。

働きかたも人生も変えられる！

第2期

心と体は別々じゃない。あらゆる二元論に反対！

心と体、意識と無意識といった分けかたをせず、1人1人の全体像を見ていたアドラー。フロイトと決別し、自身の研究を発展させる。

1911年 自由精神分析協会設立

第3期

人は皆、ライフスタイルに沿って生きている

人生の有意義な方向に向かうか、そうでない方向に向かうか。1人1人の目標追求のしかたを、ライフスタイル論として打ち立てた。

1926年 アメリカで活動開始

第4期

共同体感覚こそが心の健康、幸福をつくるのだ

人は社会的生きもの。社会や他者に貢献し、関心をもつ「共同体感覚」こそ、人が生きる意味であり、健康な心の基礎になると考えた。

1937年 没

目的論

人の心理に原因を求めない。「どこへ向かっているか」が重要だ

例

部下指導で、ついきつく叱るAさん。何がAさんをそうさせるのか？

職場によくある場面、上司の行動も、アドラー理論の基礎である目的論で説明できる。

あらゆる感情や行動は、人生の目的から生まれる

アドラーの主要理論5つを、順に見てみましょう。

1つめは目的論です。当時の心理学では、心のなかの無意識の動きが人の病理をつくり出すとし、その原因を過去に求めていました。

しかしアドラーは、人は人生の目的に向かい、そのために心身を使っていると提唱。感情も行動もすべて目的のための手段と捉えます。正しい方向に向かって克服を続ければ、過去にどんな経験があろうと、それを乗り越えられる。これが未来に焦点をあてたアドラーの目的論です。

目的論

未来にフォーカス

きつくあたることこそ、Aさんの目的

そのために怒りの感情をつくり出している

きつくあたったり怒鳴ったりすれば、権力闘争に勝てる

部下も後輩も皆、Aさんの言うことに黙って従う

自分こそ正しい、皆より優れていると感じられる

他者への怒りも含め、感情や行動は目的に沿った手段。

原因論

過去にフォーカス

もともと怒りっぽい性格だから

感情のコントロールが苦手だから

父親のきびしいしつけが原体験にあるから

幼少期の愛情不足で、いい人間関係を築けないから

家庭不和による孤独を、無意識に周囲にぶつけているから

過去の体験で形成された無意識や人格が原因とみなす。

理論 Ⅱ

全体論

心と体は分けられない。1つの存在として目的へと向かう

局在論

いろんな二元論

心身二元論
起源はデカルト。物質的肉体と精神とを分けて考える。

実体二元論
心をもつ主体、世界を構成する実体とを分けて捉える。

認識論的二元論
人が認識可能な世界、絶対的・本質的世界とで分ける。

二重過程理論
人の脳内の思考過程には2つのシステムがあるとする。

など

＝

脳と心、心と体など、2つの独立した部分で人や世界を理解

フロイトの構造論

(Freud S, 1933より引用)

＝

無意識が人を動かす

意識と無意識（エス）の葛藤などから、精神構造を探求する理論。

人の行動に矛盾はなく、「本当は……」はただの言い訳

心はどこにあるのか。心理学や神経科学が発展したいまも、明確な答えは出ていません。

アドラーはこの問いに、心は部分として存在しないと答えました。心も体もひっくるめて1つの存在であり、運動体と考えます。感情も思考も行動も、人生の長期的目標に向かうなかで使う手段。うつや不安などの症状もその表現型とし、「うつ病の人」などの精神病理学的な見かたはしませんでした。目の前の人を全体としてありのままに見るのが、アドラー心理学の視点です。

「本当は○○したいのに、体がいうことをきかない」などの矛盾は存在しない。考えも行動も人生の目標に向かうための手段であり表現。

理論Ⅲ

社会統合論

人は社会的生きもの。あらゆる悩みは対人関係にある

自己分析

就活などでよく使う方法。過去の経験から自分を客観的に捉えようとする。

自分探し

本当の自分とは何か考え、自分の人生の目的や居場所などを探し求める。

精神分析

セラピストとの関係のなかで心に浮かぶことを話し、無意識を理解する。

精神病理学

人の心の成り立ちと病理を、神経科学の知見も含めて科学的に解明する。

心を探す旅は、どこまでいっても終わらない

本当の自分はつねに対人関係のなかで見つかる

自分が何者なのか知りたければ、方法は簡単。周囲の人との関係を見ればすぐわかります。

私たちはつねに人とのつながりのなかで生きています。他者や社会に貢献し、関心をもつ「共同体感覚」を発揮することで、人生の意味を感じられるとアドラーは考えました。

悩みや心のつらさも同じです。対人関係を抜きにした問題は存在しません。私たちはつねに、人との関係をどうしたいかによって行動を決めています。これが「社会統合論（対人関係論）」の考えかたです。

社会統合論
いろんな
相手役
相手役との
問題解決をめざして、
人は動いている！
「自分とは何か」を1人で探しても見つからない。他者との関係のなかでつねに表現されるもの。

理論Ⅳ

現象学

私たちが見ている世界は客観的なんかじゃない

もの の見かたの違いに気づき、たがいに認め合う

人間関係のトラブルの多くは、「私は正しい。あなたは間違っている」という感覚から生まれます。これは絶対的な真実、事実があるとする「客観論」によるものです。

これに対し、人は１人１人違ったやりかたで世界を見て、理解しているとするのが「現象学」です。認知科学の発展もあり、現代科学はこの理論を前提としています。

現象学に立てば、意見の相違は当然のことと理解できます。職場の皆と協調し、よりよい関係を築く方法も見えてきます。

現象学
人それぞれの「認知メガネ」がある！
何が問題なんだろう？
どうすればこの組織をよくできる？
AとBは結局、同じ話だろ！
あの人はなぜ働かないの？
ものの見かたが１人１人違う前提で、自分も他者も肯定すれば、対立しない。
自分が見たいように世界を見ていて、人の数だけ真実がある

理論Ⅴ

創造力

遺伝や環境では決まらない。自分の人生は自分でつくる

決定論に立つと、知的能力や容姿も含めた遺伝的要因、生まれた家庭などで、人生が決まることに。

人生の成功を左右する要因

遺伝子　家庭環境　親の経済力　知的能力　容姿　健康度

多くは生まれもったもの。「だからしかたない」とあきらめる

「この自分で何ができる？」その視点が人生を変える

「親ガチャ」の言葉が流行するくらい、人は生まれつきの要因や、成育環境に影響を受けています。

しかしアドラーは、それを決定的要因とはみなしません。自分という道具を使い、どうやって望む人生に近づくかが人生の課題。足りない部分があっても、努力して力をつけたり、別の能力で補えばいいんです。

その意味でも、「自分で決めた」「自分で選んだ」と引き受ける覚悟を大切にします。そして自分の人生を創造していくのが、アドラー心理学の実践です。

遺伝的なものは変えられないが、もっているものをうまく使い、よりよい人生をめざす。

\ Prologue /

はじめに……002
働きかたも人生も変えられる！ 超訳・アドラー心理学……004
アドラーの人物像と思想……004
理論Ⅰ 目的論……006
理論Ⅱ 全体論……008
理論Ⅲ 社会統合論……010
理論Ⅳ 現象学……012
理論Ⅴ 創造力……014

Part 1

仕事が楽しくないのはなぜ？ 劣等感を乗り越える……023

Check!

職場の悩み、あなたはいくつあてはまる？……024
誰もが幼少期から、劣等感を抱えてる……026
劣等感が強すぎると、劣等コンプレックスに……028
強すぎる劣等感は、強すぎる優越感を生む……030
ライフスタイルから、自分の課題が見えてくる……032
あなたのライフスタイルは、どれ？……034

出生順位も、ライフスタイルに大きく影響……036
「ゲッター」の人は、組織全体の利益を考える……038
「ドライバー」タイプは、人に任せることを覚えて……040
「コントローラー」型はマイルールをゆるめる……042
「プリーザー」の人は、本当の気持ちと向き合おう……044
「ベイビー」型は、自分のタスクの計画・実行を……046
「エキサイトメント・シーカー」は、職場の秩序を大切に……048
ライフスタイルを理解して、よりよく生きる……050
成長に限界はない。もっといい自分になれる……052
共同体のために働くと、自分の喜びも増える……054
自分という道具を受け入れて、上手に使う……056
いまの自分にできることを、つねに考えて……058
100%じゃなくていい。「不完全である勇気」をもつ……060
先延ばし癖をなくすには、まず行動あり き……062
職場でのイライラは、自分自身の選択……064
「要領だけ」「愛想だけ」の同僚がいても気にしない……066

［教えてアドラー先生！］

Q1「上司や会社がひどすぎて……
やりがいを見出すなんてムリ!!」…………068

Q2「望んだ仕事ではないし、
ここでの成長って何ですか？」…………069

Q3「毎日毎日ミスばかり。朝起きて
出社するのもつらいです」…………070

Part 2

勇気づけを習慣にする

コーチングに必要なのは、勇気と信頼

……071

Check!

部下や後輩とのかかわり、こんな問題はない？……072

部下や後輩が伸びないのは、教える側の課題……074
教え上手になるには、「勇気」を味方につける……076
勇気づけワードのバリエーションを増やす……078
代表的な「勇気くじき」。こんな発言していない？……080
相手を心から信じ、関係の土台を築く……082
垂直関係で人を見ない。水平関係でかかわって……084
ほめ言葉は垂直関係。水平関係で勇気づけを……086
聞く姿勢も大事。非言語メッセージを見直す……088
部下が失敗したときも、叱らずに勇気づける……090
部下にイライラするのは、相手を支配したいから……092
叱ったりほめたりしたときは、3倍勇気づけを……094
部下の行動を、性格のせいにしない……096
「普通はこうだ」の私的論理を押しつけない……098
「信念メガネ」を外して、部下を見てみよう……100

6つのライフスタイルで、教えかたを変える……102
ゲッターには、チームの利益を考えてもらう……104
ドライバー型には、高めの目標を課していい……106
コントローラー型には、自由度の高い仕事を増やす……108
プリーザー型には、ミーティングのまとめ役を依頼……110
ベイビー型には、企画～実行まで任せてみる……112
エキサイトメント・シーカーには、多少の管理も必要……114
部下の課題と自分の課題を分けて考える……116
強みに注目すると、パフォーマンスが本当に上がる!!……118
指示ばかりせず、部下を信頼して任せてみる……120
どんな失敗をしても、その人自身を否定しない……122

［教えてアドラー先生！］
Q1「失敗の責任をとるのは自分。
それでも部下に任せるべき？」…………124
Q2「無断欠勤をくり返す新入社員。
さすがに本人の問題では？」…………125
Q3「年上の部下が、
自分に心を開いてくれません」…………126

Part 3
共同体感覚を育てる……127
チームワークで成果を上げる!!

Check!
あなたのチーム、こんな問題を抱えていない？……128
人は、自分1人では幸せになれない……130

「貢献・有意義」「信頼・安全」「所属」の感覚をもつ …… 132
自分の関心以上に、他者の関心に関心を向ける …… 134
私的論理でメンバーの価値をジャッジしない …… 136
「彼らなら任せられる」という、無条件の信頼で …… 138
「自分がいてもしかたない」と思わせない …… 140
数字以外の貢献にも、目を向けて …… 142
感謝されなくても、共同体への貢献を続ける …… 144
自己受容できないと、勝ち負けにこだわってしまう …… 146
人の顔色を気にせず、自分らしくいるために …… 148
黙っていてはわからない。アサーティブに思いを伝える …… 150
職場によくある状況別 アサーティブな表現集 …… 152
皆で目標を共有し、ゴールをめざす …… 154
不公平感は、自分への勇気づけで乗り越える …… 156
ミーティングも対等に。心理的安全を守る …… 158
自分のタスクとチームのバランスを考えて動く …… 160
共同体感覚の低い人に、ダメ出ししない …… 162
ほかのチームへの敬意も、大事な共同体感覚 …… 164
判断に悩んだら、大きな共同体を意識して …… 166

［教えてアドラー先生！］

Q1「きらいな同僚とも、
仲よくやれないとダメですか？」…………168

Q2「自分が変わっても、皆が
変わらなければ同じでは？」…………169

Q3「〝自分でやったほうが早い〟と、
つい思ってしまいます」…………170

Part 4

よりよい人間関係を築く ……… 171

交友関係と愛も、人生の大事なタスク

Check!

人生の意味、どれだけ感じられている？…… 172
人生には、3つのライフタスクがある …… 174
ライフタスクの達成度、現状でどのくらい？…… 176
「人生の輪」で見ていくと、足りない部分がよくわかる！………… 178
仕事以外でも、一歩踏み出す勇気をもとう …… 180
やってみたいことと、できない理由を考える …… 182
「いつかやってみたい」を現実の目標に …… 184
自分の価値に気づけば、恋人もできる …… 186
親密な関係を築くには、まず行動ありき …… 188
攻撃的な言動が、人間関係の妨げになっていない？…… 190
消極的すぎるのも、「交友」「愛」の妨げになる …… 192
「あなたをもっと知りたい」の姿勢でかかわる …… 194
友人や家族とも、水平関係を築く …… 196
相手に望むことは、Iメッセージで伝えよう …… 198
パートナーや家族、友人を勇気づける言葉とは？…… 200

子育ても同じ。勇気づけが人を育てる……202
望む反応が得られなくても、勇気づけを続ける……204
パートナー間では課題の分離と共有が肝……206
パートナーとの関係悪化……「自分に何ができるか」を考えて……208
不機嫌な態度も、コントロール手段の1つ……210
「きらわれたくない」と思いすぎると、苦しくなる……212
パートナーの浮気や不倫。はたしてその目的は？……214
アドラーメガネを味方に、幸せになる！……216

［教えてアドラー先生！］
Q1「収入も低いし、結婚なんてできそうにありません」…………218
Q2「社会人になってから友だちつくるの、むずかしくないですか？」…………219

さくいん……221
参考文献……223

Part
1

仕事が楽しくないのはなぜ？

劣等感を乗り越える

「明日も仕事かー。やだな」くらいは、誰もが感じる気持ちです。
でも、職場の体制や人間関係のために
自分の力が発揮できていない、認められていないと感じ、
仕事を楽しめないなら、アドラー心理学の出番です。

Check!

職場の悩み、あなたはいくつあてはまる？

あてはまる項目が多いほど、職場ストレスも大きいはず。
こんな組織風土は、アドラー心理学で変えられます！

- 部下が思うように動かず、成果も出ない
- 上司に対して思ったことを言える雰囲気ではない
- 雑談が少なく、困りごとを気軽に話し合えない
- 仕事量が膨大だったり、目標がきつくて疲弊している
- 顧客とのやりとりがストレス
- アイディアがうまく浮かばない

人との比較で
評価される
ことが多い
いつも誰かが
ダメ出し
されている
生産性のない
会議や
ミーティング
が多い
間違いや
否定が怖くて、
意見が
言いにくい
意見を
言ったところで、
採用して
もらえない

誰もが幼少期から、劣等感を抱えてる

劣等感は、成長への原動力として働く

アドラー心理学は、よりよく生きるための心理学。そこでアドラーが最初に着目したのが「劣等感」です。私たちは子どものころから他者との比較にさらされています。結果として、「自分は人より劣ってる」と自己評価を下げてしまうことも。他者との比較以外に、身体的弱点による劣等感、理想の自分との比較で生じる劣等感もあります（左図参照）。

でも、完璧な人間はどこにもいません。それでもよりよく生きようとするとき、劣等感は大きな原動力となります。その手段は3つあり、1つめは、まっすぐ努力して乗り越える「克服」。2つめが、別の部分で努力して補う「補償」。そして3つめが、足りない部分から目を背ける「逃避」です。どの方法を選んで生きるかは自分自身にゆだねられています。どんな人生も、この決定の連続の結果といえます。

3つの劣等感が人を成長させる

劣等感の種類は3つ。「だからダメ」と考えず、よりよく生きるための原動力として使おう。

劣等感が強すぎると、劣等コンプレックスに

「自分は無力」と感じて、打ちのめされる

劣等感はすべての人がもっているもの。「自分はまだまだだな」と思うからこそ、努力して成長できます。人はそもそも、生物として弱い存在です。だから人と協力しあい、共同体をつくることで生き延びてきたんです。

ただし度を越した劣等感は、成長の妨げとなります。克服のための勇気をもてず、目の前の課題から逃げ続ける人生に。「自分にはムリ」といった考えがたびたび浮かび、存在価値を感じられなくなるでしょう。やってみたかった仕事をオファーされても、ついためらってしまいます。人間関係でも、他者を脅威に感じたり、競争相手とみなし、対等にかかわれません。これが「劣等コンプレックス」です。生きる目的、方向を誤り、人生の有益でない側面に向かっている状態といえます。

強すぎる劣等感から自分を守るために、状況のせいや人のせいにしがち。

できない理由をあげて、全力で自分を守る

誰だって、「自分はダメ」「価値がない」と思いながら生きていくのはつらいもの。そのため劣等コンプレックスがあると、自分を守ろうとする力が強く働きます。これが「セーフガーディング（自己防衛）」で、上の4つが特徴です。

たとえば、自尊心の低さからくる言い訳。仕事でも、「時間と予算さえあれば」と、口にしたことはありませんか？「○○さえあれば」は典型的なセーフガーディングです。人を非難することで自分を守ろうとする人もいます。仕事では、「ちゃんと教えてくれないから失敗した」などが典型です。人生の不幸を親のせいにする人も少なくありません。

このコンプレックスに気づくことが、第一歩。そうやってなんとか居場所を得て、生きようとしてきた自分を受け入れてください。変えられるのはここからの人生です。

強すぎる劣等感は、強すぎる優越感を生む

人と比べてばかりでは、満足感は得られない

劣等コンプレックスに加え、もう1つ、成長を妨げるコンプレックスがあります。それが優越コンプレックスです。

優越感は誰もがもつ感覚で、課題を克服したときに得られるものです。「あの人みたいに仕事ができるようになりたい」と考え、力をつける。「いつか大きなプロジェクトを担当したい」と願い、努力して達成する。これらは優越への欲求からくる成長で、健全な優越感をもたらします。

一方で優越コンプレックスは、課題の克服から逃げるためのごまかしです。できないと思われるのが怖くて、人に相談することも弱音を吐くこともできません。「あの人よりまし」「自分よりダメな人はもっといる」と、人を見下す人も。このような手段を駆使して、無力感を隠すために、自分を実際以上に大きく見せようとします。

優越をめざすのは大事。でも、見かけ倒しの人も！

優越感は、課題とちゃんと向き合うことで得られるもの。逃げてばかりいるとコンプレックスになる。

ライフスタイルから、自分の課題が見えてくる

自己理想に向かう道のりは、人それぞれ

劣等感や優越感を、理想の自分に近づくためのエネルギーにできたらいいですよね。そこに向かう道のりは1人1人違い、アドラー心理学では、これをライフスタイルといいます。一般には「人格」「性格」とよばれるもので、自分や他者、世界をどう捉えるかは、ライフスタイルで決まります。

アドラーは多くのクライエントを支援するなかで、ライフスタイルが決まるのは5、6歳までと考えました。家庭や幼稚園、学校での居場所の見つけかたが大きく影響するためです。ただ現代ではライフスパンも異なり、いまのアドラー心理学では、10歳までというのが定説です。

自分のライフスタイルを知ると、よりよく働き、生きていくためのヒントが見えてきます。まずは左の診断シートで、ライフスタイルを探ってみましょう。

自分のライフスタイルは?
診断シートで見てみよう

それぞれの項目にどのくらいあてはまるか、0～2点で回答。最後に右欄の記号別に点数を合計する。

0＝あてはまらない　**1**＝ある程度あてはまる　**2**＝あてはまる

		点数	
1	何かを得ることに興味がある		G
2	活動的で意欲的、高い理想像をもっている		D
3	完璧を求める傾向がある		C
4	誰かを喜ばせることに興味がある		P
5	私は魅力的な人間だ		B
6	ドキドキ、ワクワク、スリルを味わいたい		E
7	ほしいものは手に入れないと気がすまない		G
8	つねに一番でありたい、他者よりも優れていたいと思う		D
9	理性的で自制心を保ちたい		C
10	自身の決断に自信をもてない		P
11	注目の的でありたいと思う		B
12	平凡な生活や、決まった毎日を過ごすことが苦手		E
13	超楽観的である		G
14	競争的である		D
15	マニュアルやルールがあるとやりやすい		C
16	人からの評価がとても気になる		P
17	自分はか弱く、無力だと思うことがある		B
18	この世の中はつまらない、退屈だと感じることがある		E
19	人が自分の思うとおりにならないと許せない		G
20	勝てない場合は、相手がインチキをしたと主張する		D
21	リラックスや楽しむことが苦手		C
22	批判を受けて恥をかきたくない		P
23	つねに誰かの援助を期待している		B
24	ルールや決まりごとに縛られていると感じる		E
25	世の中、不公平だと感じている		G
26	ときにふと空虚感をもつことがある		D
27	突然のできごとが起こると、どうしていいか困惑してしまう		C
28	感受性が強い		P
29	人なつっこいところがある		B
30	自分はトラブルメーカーだと思う		E

タイプ	G	D	C	P	B	E
合計点						

あなたのライフスタイルは、どれ？

もっとも高得点だったのが、あなたのライフスタイル。
同点で2つ以上に該当することも。

G
Getter

「ゲッター」タイプ

何でも手に入れたいし、思いどおりにしたい

仕事でも人間関係でも、思いどおりになるのが当然という感覚をもっている。自分の利益にならないことには、あまり関心がない。

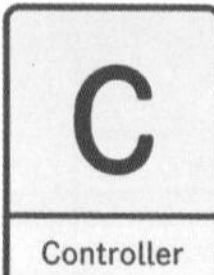

「コントローラー」タイプ

ルーズさが許せない。セルフコントロールが命

完璧主義で、つねに理性的でいたい、自制心を保っていたいと考える。自分にも人にもきびしく、ルーズな人がやや苦手。

「ドライバー」タイプ

いつも勝ちたい、一番になりたい。遊んでるヒマはない！

人より優れた人間でなければと考え、活発に意欲的に動き続ける。自分の考えややりかたに固執し、他者を低く見ることも。

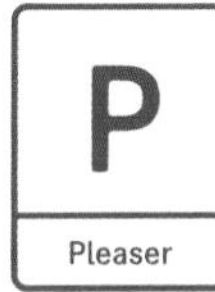

「プリーザー」タイプ

批判や拒否はムリ。みんなに好かれて認められたい

人から批判されたり、きらわれることを何とかして避けようとする。結果として、自分の思いを正直に言うことができない。

B

Baby

「ベイビー」タイプ

かわいくて魅力的。甘やかされて乗りきりたい

人なつっこく、かわいがられるのが上手。無力感があり、仕事でもそれ以外でも、周囲に助けてもらって乗りきろうとしがち。

「エキサイトメント・シーカー」タイプ

興奮やスリルで、アドレナリン大放出

平凡な人生やルーティンワークには価値を見出せない。ルールにしばられない、エキサイティングな人生を追い求めている。

出生順位も、ライフスタイルに大きく影響

子どもはつねに、親の注目や居場所を求める

ライフスタイルは、無力な存在である子どもが、居場所を見出す過程でつくられるもの。家庭内での居場所や親のかかわりかたに大きく影響されます。アドラーはこれを「家族布置（ふち）」とよび、とくにきょうだいの出生順位を重視しました。

子どもにとって、親に愛されるか否か、注目されるか否かは死活問題です。下の子が生まれると、愛情や価値が奪われたと感じることも。「お兄ちゃんらしくして」などの役割期待、きょうだいとの比較も、子どもには脅威です。結果として、怒ったり甘えたりして、人の気を引く手段を学びます。このようにしてライフスタイルがつくられていきます。

出生順位別の特徴は左のとおり。ただしこの分類の目的は、うまくいかない人生の原因探しではありません。ライフスタイルを理解し、よりよく生きるために役立てましょう。

出生順位別の特性を自己・他者理解にいかす

「末子だからわがままなんだ！」などの偏見には注意。ライフスタイル理解のために役立てて。

第一子

- 高い期待を受け、注目の中心にいる
- 頼れるボスタイプ
- 完璧主義で、ルールに忠実
- 生産的で、実用主義傾向が強い
- 何ごとにもベストを尽くす

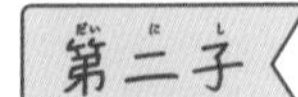

第二子

- 第一子を意識し、反対の道へ
- おだやかで感受性が強い
- 創造性があり、ユーモアに富む
- リスクを負っても、何かにチャレンジ
- 劣等感に苛まれることも

単独子

- 自分は特別と感じやすい
- 人からも特別に扱われたい
- 知能も達成意欲も高い
- 人と分かち合うことが苦手
- 自分勝手でわがままなことも

末子

- ほしいものを手に入れる
- 大変なことは人にやってもらう
- チャーミングでユーモアがある
- 劣等感を感じやすいが、克服すると自信をもって動ける

中間子

- 居場所を感じにくい
- 不平等感をもちやすい
- 感情的で感受性が強い
- 平和主義で、衝突が苦手
- 仲介役や人助けが得意

「ゲッター」の人は、組織全体の利益を考える

思いどおりにならないことが、ストレスに

ゲッターは、文字どおり「ゲット」したがる人。そして、自分にはその権利があると考える人です。表立って活発に動き、何かを手に入れようとする人もいれば、受け身なタイプの人も。後者のタイプは人に依存することで、結果としてほしいものを手に入れようとします。相手に親近感をもたせたり、機嫌をとったりもしますが、これは自分のため。自然と「ゲット」できる状態を手にするためです。

人間関係においても、「愛とは受け取るもの」という態度をとります。相手に何を与えられるか、どうすれば価値ある関係を築けるかでなく、相手が何をしてくれるかに注目します。それが思うようにならないと、イライラして、相手を操作しようとすることも。魅力をアピールしたり、泣いたり甘えたりするという手段をとることもあります。

損得で人を見ていると、成長はむずかしい

こうした態度は、他者に関心をもち、共同体の発展や幸福をめざす方向とは異なります。ただ、このようなライフスタイルになったのにも意味があります。子どものころに、自分のために人を使うことを学んだのかもしれません。人と比較されるなかで、自分の力や努力で何かを得るのはむずかしいと感じた可能性もあります。「自分はイヤな人間だな」なんて思うことはありません。どうすればよりよくなれるかを知るための分類であることを忘れないでください。

たとえば、いつもなら「私の利益」と考える状況で、「私たちの利益」を考えてみる。職場の人間関係も、プライベートな人間関係も、これだけで質が変わります。困っている人を助ければ、周囲の信頼も得られます。このように、より大きな枠組みでの利益を意識してみましょう。

「ドライバー」タイプは、人に任せることを覚えて

活動的で意欲的な、頑張り屋さん

アドラー心理学の継承者H・モサックが提唱した、ライフスタイルのタイプです。現代の文化に適応し、もっとも多く見られると指摘しました。ひと言で言うと「仕事中毒」。医学的には「タイプA」とよばれ、つねにストレスが多く、心筋梗塞などのリスクが高い人です。

ドライバータイプの最優先事項は、いかに生産的にものごとを成し遂げるか。資本主義社会における企業の価値観と合致しているので、評価されたり、出世したりします。

でも、ライフスタイルは使いよう。破壊的に使えば、つねに人を蹴落とし、自分こそ一番と全力で証明しようとします。競争に負けそうなときは、相手が不正をしたと主張することも。また、建設的で生産的と感じられない仕事を与えられると、イライラを抑えられなくなります。

すべての仕事を
1人で抱え込まないで
優先順位が
低いのはどれ？
これはAさんに、
こっちはBさんに
頼もう
……そもそも何のために、
こんなに働いてるんだろう？

ときには立ち止まって。
人の手を借りたり、働く
目的を考えることも大切。

レースから降りたときに、失うものは何？

ドライバーがこのスタイルで活動し続けるのも、居場所の確保のためです。子ども時代にきょうだいやクラスメイトと比較され、後れをとることに恐怖を感じていた人も。親の高い期待に全力で応えてきた人もいるでしょう。

でも、社会も世界も広く、つねにトップでい続けることはできません。ときには立ち止まり、「自分は何のために頑張っているのか」と考えてみて。一番でなくても、あなたの価値が毀損（きそん）されることはありません。

それを理解する意味でも、仕事以外での居場所や人間関係を大切にしてください。仕事以外の人間関係は、正しいか否かで決まりませんし、権力で相手を動かすこともできません。違いを認め、相手の考えややりかたを受け入れる。そんな姿勢を少しずつ意識していきましょう。

「コントローラー」型はマイルールをゆるめる

自分をきびしく律する、きちんとさん

自分の人生をつねにコントロールしようとするのが、コントローラーの人です。よくいえば完璧主義のしっかり者、悪くいうと神経質なタイプです。

時間に遅れることなく、つねに清潔感のある服装で現れます。これだけで取引先に信頼されたり、好印象を与えるはず。仕事の締め切りに遅れ、上司をイラつかせることもないでしょう。手順が綿密に決まった仕事なら、つねに予定どおりに仕上げ、結果を出します。部下や後輩に対しても、やるべきことを明確に、論理的に説明できます。

ただ問題は、皆が同じタイプではないことです。世の中にはルーズな人、非論理的な人、感情的な人も当然います。こうした人々とチームを組むと、ついイライラしてしまうのではないでしょうか?

思いきり体を動かして楽しむことは、強すぎる自制心をゆるめるのに役立つ。

ときにはイレギュラーな案件を手がけてみよう

コントローラーのスタイルにも背景があります。幼少期にきびしいしつけを受けたり、自分を律するよう諭されたかもしれません。新たな挑戦より、失敗しないことに価値を置く親もいます。自制心を失い、暴言を吐く大人を見て、「ああはなりたくない」と感じて育った可能性もあります。

いずれの場合も、これからの生きかたは自分自身で変えられます。感情や考えを押さえつけず、気持ちを人に話したり、新たなことにチャレンジしてみてください。

コントロールをゆるめるうちに、自分にも他人にもきびしすぎる目線を向けることは減ってくるはず。仕事でのメンバーとの関係も、徐々に変わってくるかもしれません。マニュアルどおりに進められないイレギュラーな案件、クリエイティブな仕事に、自ら手をあげるのもいいでしょう。

「プリーザー」の人は、本当の気持ちと向き合おう

周囲がよく見えている、気遣いの人

プリーザーは、モサックによるのちの分類で生まれたライフスタイル。『嫌われる勇気』の大ヒットから考えても、日本人に多いタイプといえるでしょう。

プリーザーがめざすのは、平和と静寂を保つことです。その手段として人を喜ばせ、誰からも好かれようとします。そのため、人の心を読むことには長けています。一緒にいるととても居心地のいい、適応能力の高い人です。

ただ、つきあう人々にとっては、本心の見えにくいタイプでもあります。仕事上の意見もなかなか口にしません。何より恐れているのは批判だからです。批判を避けるためなら、思ってもいないことを言い、相手にあわせます。仕事上の意見の相違や議論、指導であっても、「否定された」「きらわれた」と感じてしまうかもしれません。

困っている人に声をかけるなど、資質を強みとしていかして。

誰にも批判されないとしたら、何がしたい？

このスタイルにも成育歴が関係します。意見を言う機会を与えられなかったり、周囲の評価に応えることを教えられたかもしれません。うまくいっていない家庭で、仲裁人役として機能してきたという人もいます。そのような人は成人後も、多くの場で仲裁役を果たします。

では、自分自身の考えや願望はどうでしょうか。正当な要求なのに、「言いすぎてしまった」と後悔したり、罪悪感を覚えたりしていませんか？　誰にも何の批判も受けないとしたら、何がしたいでしょうか。自分の本当の気持ちと向き合い、行動に移してみましょう。

プライベートな人間関係でも、相手に過剰にあわせることで、相手がだまされた気分になることがあります。まずは信頼できる相手に、自分の思いを口にしてみてください。

「ベイビー」型は、自分のタスクの計画・実行を

やってもらってばかりで、自己肯定感が低め

ベイビータイプは、人なつっこくかわいらしい、魅力的な人です。「愛されたい」「かまってほしい」という気持ちを強くもっています。このような特徴だけ見ると、甘えん坊の若い女性を想像する人もいるかもしれませんね。でも性別や年齢は関係なく、出生順位が末子ともかぎりません。

大切なのはふるまいの印象ではなく、目的を見ること。ベイビータイプの目的は2つあり、1つめが人に支持されることです。皆の注目が自分に向かい、自分を支援してくれる状態が理想です。もう1つは楽しむことで、その場その場の楽しみ、遊びが大好き。ただしたがいに楽しむのではなく、「私を楽しませて」「退屈させないで」という態度になったり、遊びの後の面倒を相手任せにすることも。対等な関係を築くのが苦手なタイプといえるでしょう。

人に頼りがちな仕事について、自分で責任を負うのもいい経験になる。

人頼みのままでは、いつまでも自信をもてない

人生が壮大な遊びだったら、どんなにいいでしょう。でも、大人になれば責任も生じます。仕事でも、何かを成し遂げて達成感を得たいなら、責任は避けて通れません。

ここがベイビータイプの課題です。自己肯定感が低く、自分は弱く、無力であるという感覚が強いようです。子どものころから、親や周囲の人が何でもやってくれたのかもしれません。自分で課題にとり組み、問題を解決できるという自信がもてず、つい人に頼りたくなります。

まずは、自分がいままでやり遂げたことを振り返ってみて。仕事にかぎらず、子ども時代の習いごと、勉強、留学など、何でもかまいません。人に甘える場面が多くても、できていることや強み、長所は必ずあります。そこに目を向け、職場でも徐々に責任を引き受けていきましょう。

「エキサイトメント・シーカー」は、職場の秩序を大切に

スリルがあるときほど、気分が盛り上がる！

エキサイトメント・シーカーは、ドライバー（↓P40）とベイビー（↓P46）の両方に似た面をもちます。成果を求めるドライバーと、甘えん坊なベイビーは、一見すると正反対。でも、何かを通じて興奮を得たいという欲求は似ています。その部分が強いのがエキサイトメント・シーカーです。

実際に、ワクワク、ドキドキだけで成り立つ人生を想像してみてください。平穏や秩序を好む人には、なかなかの恐怖では？　ギャンブルやドラッグ、アルコール、婚姻外恋愛、いろんな性的プレイと、いきすぎると危険な道も多くあります。刺激と危険はたいてい紙一重です。

ただ、刺激を求めるスタイルにもいい部分があります。仕事で独創的なアイディアを出したり、楽しい話題を提供したり。クリエイティビティの豊かさが強みです。

ルールを破ってばかりでは居場所を失うかも。まずはそこから見直そう。

職場のルール破りがあれば、まず見直して

例

飲み会の翌日、遅刻しがち

書類の提出が遅れがち

上司への報告をとばしがち

社内の女性と1回浮気した

楽しさの追求は、人生の意味が見えないから

刺激を求める性質には、さまざまな背景があります。騒ぎやトラブルを起こすことで、家族が注目してくれた経験もその1つ。子ども社会では、あえて危険を冒せる子がもてはやされることもあります。脳内で興奮、快楽を感じる「報酬回路」も関係します。刺激による快楽、興奮を求め続けると、同程度の刺激では満足しにくくなります。

長い時間をかけて身につけてきたスタイルですから、「刺激はいらない。平和にいこう」と決意しても、ガラッとは変わりません。刺激が強くなくても、そこそこ楽しめることはないでしょうか？　ヒリヒリ感では劣りますが、婚姻外でない恋愛から喜びを得ることももちろんできます。

そのような過程で、「人生はつまらない」という悲観的な見かたが少しずつ変わっていくかもしれません。

ライフスタイルを理解して、よりよく生きる

タイプ分類は、今後にいかすためのもの

ライフスタイル分類の結果を見て、どう感じましたか？「自分はたしかにこのタイプ。いつもこのパターンだ」など、納得がいったのではないでしょうか。でもこの診断は、性格テストとは違います。「あたってる！」で終わらせては意味がないんです。ライフスタイルは、私たちが生きるうえでの長期的目標とその道筋を示すもの。困難を克服しながら成長し、よりよい人生を送るためにいかしてください。

なお、アドラー自身が当初提唱したライフスタイルは、「①理想的／共同体感覚タイプ」「②ゲッタータイプ」「③独裁者タイプ」「④逃避的タイプ」の4つでした。①は、人生のよりよい側面に向かえている状態。②～④は非建設的、破壊的という位置づけです。その後の研究を経て、現在はこれをアレンジした4分類や、本書の6分類が使われています。

ほかのタイプの人を見て、強みをとり入れていこう

チームで働くときにも、ライフスタイルはそれぞれ異なる。いい部分をとり入れて協業していこう。

ベイビー
赤ん坊タイプ。好かれることを重視。人を不快にする言動はしない。
そうね
そうね
ゲッター
欲張りタイプ。人の顔色を気にせず、自分の意見をはっきり言える。
ぜったい
A案だろ!
B
A
エキサイトメント・シーカー
興奮探しタイプ。つねに興奮を求め、ルーティンワークが苦手。
プリーザー
八方美人タイプ。人の顔色をよく見て、チームの輪を大切にする。
勝手に
決めないで!
コントローラー
自己抑制タイプ。失敗を恐れ、感情を表に出さないようにする。
ドライバー
人間機関車タイプ。決断力があり、目標に向かって皆を引っ張っていく。

成長に限界はない。もっといい自分になれる

人生は克服の連続。その先に完全性がある

アドラーの考える劣等感の克服は、人間的成長にまっすぐ結びついています。そしてライフスタイルは、自己理解の基礎となるもの。ライフスタイルを変えられなくても、自分に足りない部分を課題として捉え、克服することはできます。他者のライフスタイルを知るのも、弱点ではなく強みを理解するため。「この人のこの部分は素敵だな」「自分も真似したい」と考えることが、自身の成長につながります。

その先にあるのは「完全性」です。完全性とは、何でもできること、絶対に間違えないことを意味しません。人生の有益な側面に向かい、克服を続ける過程であり、目標というくらいに捉えるといいでしょう。その過程では、「不完全である勇気」も必要。「自分はまだまだだな」と認める勇気があってはじめて、完全性に近づくことができます（↓P60）。

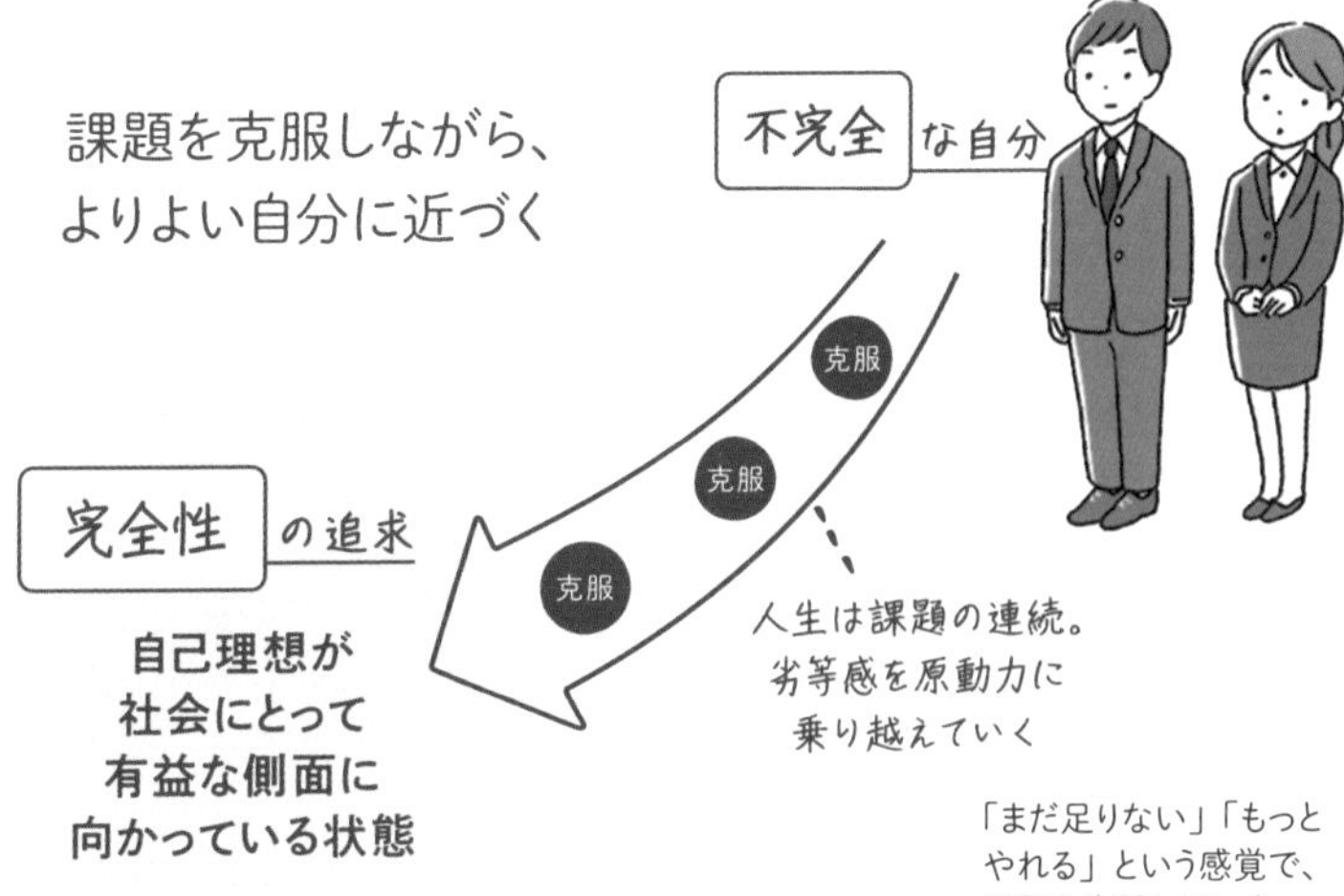

人の成長を、数字だけで捉えてはいけない

課題とは何か、克服とは何か。ビジネス場面を例に具体的に見てみましょう。「あの人は仕事ができる」「あの人はできない」というとき、多くは数字に表れる業績を見ています。その達成度合いを入社年次や他者との比較、業務の専門性などで評価し、優秀かどうか判断するわけです。

成長をめざすには、より高い業績に向けて努力します。ただ、仕事の課題はそれだけではありません。コーチング力、チームをまとめる力、後ろから支える力など、多様な力が必要です。数字を軸に自分や他者を見る組織では、数字のいい人だけがものを言える空気になりかねません。

どんな場面でも、所属する場所「共同体」全体の利益をいちばんに考えてください。そのために自分に何ができるか考え、貢献していくことも、成長のための大切な課題です。

共同体のために働くと、自分の喜びも増える

貢献感があるから、居場所がある

共同体とは、私たちが所属する場所すべてです。最小単位では、パートナー関係や家族。周囲には友人や、同じコミュニティの人がいます。その先に職場の人がいるイメージです。より大きな視点では、同じ地域社会、国、世界を生きる人々がいます。これが共同体の概念で、大きな意味では誰もが共同体の仲間です。共同体に所属し、他者と協力しあい、自身の価値を感じられることを、アドラーは何より重視しました。これが「共同体感覚」（↓Part3）で、人の幸福度は共同体感覚で決まるといっていいくらいです。

仕事がつらいのは業務のせいではなく、共同体感覚の不足のせいかもしれません。「仲間のために貢献したい」という気持ちをもてなければ、職場を自分の居場所と感じ、やりがいを感じることもむずかしいでしょう。

「いいことしたな、自分!」では、まだ足りない

共同体感覚には2つの位相があります。1つは、自分は役に立てていると思える感覚。もう1つが、他者の関心に関心をもってかかわる姿勢です。

前者は比較的簡単です。たとえば同僚の元気がないとき。食事に誘うなど、できることはいくらでもあります。極端な話、「いいことしたな、自分!」と思えればいいわけです。しかし後者だと話は別。相手の思いに関心を寄せ、話を聞くことが肝心です。その結果「楽になったよ。助かった」と感じてくれてはじめて意味があります。自分目線で助言し、相手が負担に感じるようではダメなんです。

ハードルが高いですが、まずは前者からでも実践を。そこでコミュニケーションをとるなかで、他者に関心を寄せ、共同体に貢献できる人をめざしましょう。

自分という道具を受け入れて、上手に使う

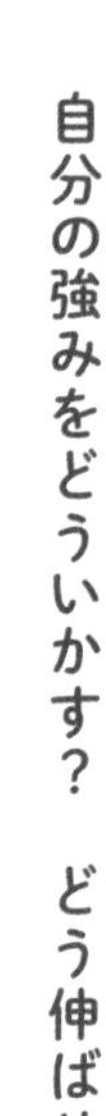

自分の強みをどういかす？　どう伸ばせる？

仕事における成長は、誰でも、何歳からでもできます。むずかしく感じるのは、「自分は頭の回転がよくないし」「コミュニケーションも苦手だし」と、足りない属性に原因を求めるからです。これは「所有の心理学」の考えかたです。一方のアドラー心理学は、自分という道具をいかに使うか考える「使用の心理学」。もっていない能力を嘆いても人生は変わりません。「この自分で何ができるか」を考え、できることにとり組み続ければ、人は成長できます。

いまの自分がもつ強み（ストレングス）に着目し、それをいかすことは、現代のポジティブ心理学でも重要な考えかたです。考案者のM・セリグマンによると、ストレングスは左の6領域に分けられます。自分の強みをここから見出し、どうすれば仕事にいかせるかを考えてみましょう。

6領域のストレングスを仕事でもいかしていく

人の強みは幅広い。たとえば短所と感じやすい「口下手」も、「誠実」「思慮深さ」の強みになる。

Ⅰ 知恵と知識

好奇心・興味
創造性　判断　向学心
見通しのよさ

問題解決にも、豊かな人生にも役立つ。成長しようとする姿勢でもある。

Ⅱ 勇気

勇敢　勤勉
誠実　熱意

逆境にも簡単にくじけず、人生の目的、価値に向かって行動する力。

Ⅲ 人間性

愛する力&愛される力
親切
社会的知能

家族や仲間を気にかけ、力になろうとする姿勢。他者への想像力も大事。

Ⅳ 正義

チームワーク
平等・公平
リーダーシップ

他者と信頼、協力しあいながら、健全なコミュニティをつくっていく力。

Ⅴ 節度

寛大　謙虚
セルフコントロール
思慮深さ・慎重さ

自己非難や他者非難をせず、自分の感情や行動を律する。謙虚さも大切。

Ⅵ 超越性

感謝　希望・楽観性
審美眼　ユーモアと陽気さ
精神性

世界や人の心を豊かにする力。感謝、明るさ、温かさ、ユーモアも含む。

いまの自分にできることを、つねに考えて

働くうえでの価値、なりたい自己像は？

仕事における成長では、与えられた業務をこなすことが最初の目標です。「それができないからつらい」という人もいるでしょう。その場合は上司や仲間の力を借りながら、能力を伸ばすためにできることにとり組みます。ここで「できないと思われたくない」と意地を張るのは、劣等コンプレックスの表れかも。その克服をめざしましょう。

そのうえで、自分の強みをいかしてできることにとり組みます。どうすれば共同体の役に立てるかという視点で、組織を広く見渡してください。キャリアカウンセラーであり、理論家でもあるM・サヴィカスが考案した左の質問も役立ちます。最初にライフテーマを尋ねるのが特徴で、自分らしさの輪郭があきらかに。キャリアにおいて何に価値を置くか、立ち止まって考える機会にもなります。

キャリアストーリーを見つめ直す

どんな人間をめざして生きてきたか、何に価値を置くかは、職業とのマッチングにおいても大事。

1 あなたが大人へと成長するうえで、尊敬をしていた人は誰でしたか?
のちに、あなたの生き方に影響を与えた人は誰ですか?
3人あげてください（ヒーロー、ヒロイン、ロールモデル）

1　2　3

a 上にあげた3人のどんなところを尊敬していますか?

1

2

3

b 上にあげた3人と自分はどんなところが似ていると思いますか?

1

2

3

c 上にあげた3人と自分はどんなところが違うと思いますか?

1

2

3

私とは?

私の追求する（大事なもの、価値を置いている、意味がある）ものとは?

私が成長し活躍するために、自分をどういかしていくか?　何ができるか?

100%じゃなくていい。「不完全である勇気」をもつ

完璧さにとらわれると、身動きがとれない

優秀とされる働きぶりでなくても、恥じることは何もありません。いじけたり、人を見下す発言をして自分を守ろうとしなければ、成長のチャンスはいくらでもあります。傍から見れば優秀な人も、同じ道のりを歩んでいます。それぞれに自身の課題と向き合い、克服していくのが人生です。

そうはいっても、人と比べて落ち込んだり、「迷惑かけてるんじゃないか」と気に病むこともありますね。そんなときは、入社時にできなかったけれどいまはできることを、1つ1つ思い出してください。「いつも失敗ばかり」「完璧でなければ意味がない」という信念メガネは外し、成長した部分に目を向けて。自分をいつまでも不当に扱うことをやめましょう。その過程を経てはじめて、「不完全である勇気」「完全をめざす勇気」をもち、前に進むことができます。

完全な人はいない。
だからこそ不完全さを
認めて前へと進む。

不完全を受け入れることで完全をめざせる

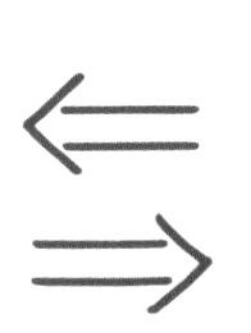

足りない部分を認め、それでも前へと進む

「自分はダメだ」と感じる人が多いのは、組織風土の問題でもあります。できない部分を見る減点主義が強く残っているためです。「心理的安全性」の言葉が日本で知られるようになったのも、最近のこと。アメリカの組織行動学者E・エドモンドソンが提唱した概念で、組織のなかで、誰にでも安心して意見や思いを言える環境をさします。しかし日本では、上役自身がそのような組織で育っていません。どうかかわればいいか、実感としてわからないんです。

この状況を変えるためにも、アドラー心理学が役立ちます。必要なのは「勇気づけ」（↓Part2）。相手の存在自体を認め、感謝とともに、長所や強みに注目してかかわることです。勇気づけが組織全体に広がると、「自分はダメだ」と萎縮し、力を発揮できなくなる人は確実に減っていきます。

先延ばし癖をなくすには、まず行動ありき

やる前から、できない言い訳を考えてない？

明日までの仕事があるのに、動画を見てゴロゴロ……現代人なら一度や二度はこんな経験があるでしょう。

先延ばし癖には理由があります。「やる気が出たらやろう」と、ことの順序を間違えているんです。やる気はいくら待っていても、どこからも降ってきません。まずはソファから立ち上がり、いまできることをやりましょう。一歩目を踏み出せば、思ったほど面倒ではなかったと気づけます。

では、もう少し大きな課題、目標ではどうでしょうか。心からやりたいことについてチャンスが来たとき、迷わずつかめますか？　人によっては、言い訳をして行動せず、チャンスを逃すこともあるかもしれません。これがアドラーのいう「躊躇（ちゅうちょ）する態度」。成功する確信がもてないとき、対象とあえて距離を置き、安全な道を選ぼうとします。

不完全でいい。いまの自分でやってみよう

アドラーは人の心と体を分けて考えません。1つの全体像として目的に向かうと考えます。つまり躊躇する人の目的は、何もしないこと。何もしなければ失敗せず、自尊心を守れるからです。「本当はやりたいんだけど、体がいうことをきかなくて」といった身体的理由、状況や人のせいにできれば楽ですが……、なかなかきびしい見かたですね。

けれど何かをつかみたいなら、リスクを引き受けて挑戦するほかありません。自分の不完全さを受け入れ、いまの自分にできることから始めましょう。仮に失敗したとしても、とり返しのつかないことはほとんどありません。

それでも挑戦できないなら、「挑戦しないと自分で決めた」と引き受けること。後になって、状況や人のせいにするのは避けましょう。自分自身を不幸にしてしまいます。

職場でのイライラは、自分自身の選択

イライラするのは、相手のせいじゃない

職場のイライラって伝染しませんか？　出社時に、上司のイライラに気づくと、こっちもイライラ。「朝からやめてよ」と思ってしまいますね。しかもイライラ上司は、多くの場面でイライラしています。自分で勝手に怒っているのに、「これ以上俺を怒らせるな」と平気で言います。

アドラーは人の感情を目的のための手段と考えました。そしてどんな目的も、社会的文脈（対人関係）のなかで生まれます。これが「社会統合論（対人関係論）」です。

イライラ上司の場合は、怒りや不機嫌が、人を動かすための手段になってしまっているのです。職場でついイライラしたときは、自分の怒りをまずつかまえること。そして、誰を相手に、どんな目的でイライラしているのか掘り下げて考えていくことです。

イライラ上司の目的は
人をコントロールすること
人を動かす正当な手段は「依頼」だが、不機嫌さが常套手段に。
社会人として当然だろ！
くだらないことでイライラさせないで
そこまで言わないとわかんない？
特定の人または他者全般を動かす

どんな態度も、目的のために選んだ手段

誰に対し、何を求めてイライラしているのか。これに気づければ、周囲の皆にイライラをまき散らさずにすみます。そのうえで、相手に対してどんな態度をとるか。これが次の課題です。自分の指示どおりに仕事をしてほしいなら、「この部分を直してほしい」と改善を依頼すればすみます。ただし相手を威圧し、優位に立つことが目的なら、話は別。背景にある劣等コンプレックスに向き合う必要があります。

部下だけでなく、妻や子どもにもこのような態度をとってしまうなら、カウンセリングが有効かもしれません。幼少期に、父親が威張ったり怒鳴ったりするのを見て、それを学習したなどの影響も考えられます。アンガーマネジメントで対症療法的に乗りきろうとするより、問題の根本に向き合うことで行動を変えていけます。

「要領だけ」「愛想だけ」の同僚がいても気にしない

「もっと認めて！」と地団駄を踏んでいない？

「また上司に媚（こび）売ってる」「機嫌とりより、ちゃんと仕事してほしいよね」。この言葉が聞かれるようになって、100年は経つのではないでしょうか？ 妬（ねた）みと悪口は、職場の永遠の課題です。考えるべきはやはり、妬みの目的。何のために腹をたてているかを掘り下げてみましょう。

まず考えられるのは、他者が高く評価されていることへの嫉妬です。アドラーは羨望（せんぼう）と嫉妬の違いを明確にし、嫉妬がいかに有害かを論じました。羨望の場合は、「あの人いいな、うらやましいな」という気持ちを成長につなげることもできます。一方の嫉妬は、劣等コンプレックスに根差すもの。自分の権利が奪われたと感じ、腹をたてているんです。「自分のほうができるのに」という他者非難も、劣等コンプレックスから自分を守るセーフガーディングです（↓P29）。

仮に媚を売っているとして、自分にとって何が問題かを考える。

人の問題を指摘しても、現実は何も変わらない

ほかに考えられる目的は、不平等の解消です。「自分だけ大量の仕事を抱えている」と感じれば、腹もたつでしょう。とはいえ、真の平等も容易ではありません。人は1人1人違う価値をもつ存在だからです。そのためアドラー心理学では、「量」を平等の基準にしません。能力や責任の違いがあることもふまえ、各人の価値を認め合うことと考えます。

職場には、皆の目に見えにくい仕事も存在します。それが見えないまま、「自分のほうがはるかに仕事している」と思い込んでいる可能性もあります。

ここは視点を変えて、自分がその職場で働く目的を考えてみましょう。給料はもちろん、やりがいや達成感も大切です。自分がその日1日、どれだけいい仕事ができたか。その喜びに価値を見出すこともできます。

Q1

上司や会社がひどすぎて……やりがいを見出すなんてムリ!!

A1

辞める方法もあるし、自分が変わる方法もあります

喜びを見出せず、つらくなることもあるでしょう。答えは〝ひどさ〞の中身と程度、そしてあなたの意思しだいです。ワンマン社長のもとでつねに誰かが罵倒され、人が辞めていく。残業代もまともに支払われず、体制が変わる可能性も低い……こんなブラック企業なら、おそらくは辞めるのが賢明です。アドラー心理学は、どんな問題にも立ち向かい、乗り越えることを勧めるものではありません。環境があまりにひどいなら、辞職ももちろんOK。その後の生活や職探しを含め、自分の選択として受け入れるだけです。

一方で、劣悪な環境ではないものの、やりがいを得られないこともありますね。でも、自分のタスクを遂行できているなら、それだけで価値があります。できていないなら、足りない力を伸ばし、成長を感じることもできるはず。組織や上司は変えられなくても、やりがいを自分で〝創造〞していける可能性はあります。

Q2

望んだ仕事ではないし、ここでの成長って何ですか？

A2

望まない部分が多くても、振り返れば成長はあるはず

優越性、完全性の追求は、望むものすべてが手に入ることを意味しません。現実社会を生きる以上、社会の課題も多く、不況などの影響も当然受けます。

とはいえ、本当はやりたかった仕事をめざすこともできるはず。映画監督であれ、アーティストであれ、人はいつからでも何でもめざせます。後は、〝それでは食べていけないかも〟という課題や不安を、どこまで引き受けられるかです。食べるためであれ、不況のせいであれ、最終的な決断は自分で下したものとして引き受けます。

いまの仕事で生きていくことを選んだなら、そのなかで自分らしさや価値をいかす方法や、成長の喜びを感じる働きかたを模索することです。好きでも得意でもない仕事でも、入社時の自分と比べてみれば、確実に成長しているはずです。真剣にやってみると、意外と面白いと感じる仕事も多いもの。地道であっても、成長の喜びは自分しだいで得られます。

Q3

毎日毎日ミスばかり。朝起きて出社するのもつらいです

A3

ストレスが限界に達しているのでは。専門家の助けを借りましょう

出勤前に腹痛で動けなくなる。体が重く、朝起き上がれない――こうした身体症状が出ていたら、無理は禁物。「毎日ミスばかり」という捉えかたや自責の念は、うつなどの症状の1つとも考えられます。

まずはメンタルクリニックの受診を。下図のピラミッドで3、4階の段階なら、薬などの対症療法も効果的です。また、体の健康状態は心理にも影響しますので、2階の部分についても考えてみてください。より根深い問題があるなら、カウンセリングで、過去を含めた1階の部分にさかのぼっていきます。

心の不調ピラミッド

下の階にいくほど、根深い問題がつらさとして表れていると考えられる。

階	ピラミッド	内容
4階	ゆううつ、不安などの症状	症状（元気が出ない、集中力の低下）
3階	現在の状況、環境など	仕事の内容、残業時間、職場や家族の人間関係、自分の時間など
2階	健康状態、栄養状態など	食生活や睡眠時間など
1階	生い立ち、価値観、考えかた、性格など	過去について（小さいころの家庭環境、両親の夫婦関係、健康状態、しつけなど）

@千村クリニック

Part

2

コーチングに必要なのは、勇気と信頼

勇気づけを習慣にする

部下や後輩の指導、以前と比べて気を使いますよね。
上司の負担は増すばかりですし、
そもそもコーチングの知識がない人も多いのでは?
そこでいかしてほしいのが、アドラー流の人材育成術。
知識やスキルの伝授以上に、「勇気づけ」が重要です。

部下や後輩とのかかわり、こんな問題はない？

Check!

昔の部下指導と違い、かかわりかたにもひと苦労。
下のような問題があれば、その解決策は「勇気づけ」です。

部下が何を
考えているのか、
まるで
わからない
部下と話すとき、
自分のほうが
ずっと多く
話している
仕事について
こられず、
どうにもならない
部下がいる
話しやすい人に
ばかり相談する
部下や後輩が
多い

部下や後輩が伸びないのは、教える側の課題

自分が話す役、部下が聞く役になっていない？

部下や後輩指導は、現代のビジネスマンの大きな課題。産業・組織構造の変化とともに、チームでの協業がより多く求められるようになっています。成功のためには、1つの目的に向かってチームをまとめなくてはなりません。

そこで必要なのがコーチングです。質問形式で思考を促し、目標実現のサポートをすることです。しかし多くのビジネスマンはティーチング（指導）で育っています。コーチングが何か知らなければ、苦戦するのも当然です。

コーチングで大切なのは、答えを教えようとしないこと。間ができても待ち、聞き役に徹する「コーチング脳」に切り替えましょう。自分の発言時間のほうが長いなら、見直しを。「相談しても聞いてもらえなかった」「否定された」という印象を与え、安心して思いを話せる関係を築けなくなります。

コーチングの意味を理解してかかわろう

最近は1on1ミーティングが増えているが、目的によって手法が変わることを理解しておきたい。

コーチング
ビジョンと目標達成のための思考を促し、答えを見つける過程を支援。自ら考えて動く人を育成できる。
ティーチング
業務遂行に必要な方法・手段・技術などの答えを伝授。「この場合はこう考えろ」などの価値判断も含む。
メンタリング
経験豊富な人が、新入社員をはじめとする経験の浅い人に対し、経験にもとづく指導や助言をすること。
カウンセリング
問題や不安、悩みの解決をサポートすること。専門知識とスキルを要するため、カウンセラーに依頼を。

教え上手になるには、「勇気」を味方につける

部下が動けずにいるのは、リスクが怖いから

部下や後輩が本来の力を出せないのは、勇気が不足しているから。勇気とは、進んでリスクを引き受け、新たな領域に一歩踏み出すことです。アドラー心理学を日本で伝え続けている岩井俊憲氏は、「困難を乗り越える力」と表現しています。

この社会には、勇気をくじく要因があまりに多く存在します。人との比較や会社の知名度、収入、学歴で評価されるのは日常茶飯事。就活の時点ですでに、「自分の価値はこんなに低いのか」と勇気をくじかれた人も多いのでは？「どうせ自分は」と感じるのも無理はありません。

こんな状況だからこそ、誰かが誰かを勇気づけ、価値ある存在と伝え続ける。その行動に大きな意味があります。息苦しい組織を変えるのも、勇気づけにほかなりません。

勇気づけによって、本来の力を引き出そう

人生も仕事も、勇気がなければ何ひとつ達成できません。部下も後輩も皆、リソースフルな人々です。能力や才能、才覚、知恵などを十分に備えています。いまは実践的知識や経験がなく、上司らと同じパフォーマンスを発揮できないだけのこと。それを心から信じて勇気づけしてください。いい部分に目を向け、言葉にしていくことを、岩井氏は「ダメ出し」ならぬ「ヨイ出し」として推奨しています。

勇気づけをしても、翌日、翌月からすぐに変わるわけではありません。自分を卑下するのをやめたとき、内側にわき出るエネルギーのようなものとして、はじめて勇気が生まれます。「どうせ自分はダメ」の状態から変わるには、時間もかかるでしょう。新たなことに少しずつ挑戦し、成功体験を積めば、リスクを自ら引き受ける姿勢ができてきます。

勇気づけワードのバリエーションを増やす

「ありがとう」「うれしい」「助かる」を口癖に

部下や後輩を勇気づけるためには、「ありがとう」「うれしい」「助かる」の3大ワードを口癖にすることです。

ずいぶん簡単に見えますが、大切なのは関係性です。

私たちは人とのつながりを生きています。他者の尊厳を傷つける発言をする人と、いい関係を築くのは困難です。失敗するたびに、「だからダメなんだよ君は」と言ってくる上司が相手だったらどうでしょう？　「ありがとう」と言われても、1ミリもうれしくないですよね。

相手の価値をありのままに認め、肯定する姿勢は、言葉以前のメッセージとして伝わっています。テクニカルなスキルに頼るのではなく、部下や後輩を心から信じられるよう、上司のほうが変わる努力を。その結果として関係性ができていれば、言葉の多少の雑さは問題になりません。

部下の顔を思い浮かべて、かけたい言葉を考える

部下の強みに注目し、勇気づけワードをかけるとしたら？　具体的に想像して書き込んでみよう。

Ⅰ
「ありがとう」構文
例 「後輩をていねいに指導してくれて、ありがとう」
Ⅱ
「うれしい」構文
例 「いつもチームを明るくしてくれて、うれしいよ」
Ⅲ
「助かる」構文
例 「ミーティングの設定をしておいてくれて、すごく助かる」

代表的な「勇気くじき」。こんな発言していない？

「自分はそれで育った」は、もう通じない

「何度言ったらわかるんだ」「やる気あるのか？」「結果を出さないと意味ないんだよ」――一定年齢以上のビジネスパーソンなら、一度は言われてきた言葉ばかりです。パワハラの概念が普及したことで減ってはきたものの、いまなお言われている人もいるかもしれません。

言っている側は、叱咤激励のつもりなのでしょう。しかし言われた側は、自分が無能で無価値であるという感覚を強めます。リスクを引き受け、行動する勇気は、とてももてないでしょう。これが職場における「勇気くじき」です。「パワハラだから」という以前に、成長する力を奪うという意味で、してはいけない発言なのです。「何でそんなことしたの？」の問いも、質問の形をとった叱責であり、勇気くじきです。前向きな改善策にはつながりません。

昔ながらのきびしい指導は、たいてい「勇気くじき」

感情のままに叱ったり、「なぜ」と詰問したり。自尊心を低下させる発言は、いますぐ見直そう。

相手を心から信じ、関係の土台を築く

「相互尊敬・相互信頼」が、関係づくりの基本

アドラーは年齢、性別、立場など、すべての属性を問わず、人は対等な存在と考えました。その関係性の基礎となるのが、相互尊敬・相互信頼です。相手が子どもであっても、その価値を信じ、認め、尊敬に値する1人の人とみなします。アドラーがいかにヒューマニスティックな視点で、人間をまなざしていたかがわかると思います。

なかには、「子ども相手に何を尊敬し、信頼するの？」と不思議に思う人もいるでしょう。そのような人は、条件つきの信頼や尊敬を思い描いているのかも。アドラーの考える尊敬、信頼は、「彼は優秀だから、信頼して任せられる」という評価のようなものではありません。つねに無条件のもの。「いまはできなくても、この人ならきっとできる」と信じ、価値ある人間として敬意をもって接することです。

どんな人にも価値がある。年下だろうと、
見下していい相手なんていない。

自分を尊敬できないと、相互尊敬もできない

相互尊敬、相互信頼は、ときに誤解されることがあります。「私はあなたを尊敬・信頼する」「あなたも私を尊敬・信頼する」という、双方向性が前提という誤解です。しかしアドラーが用いた本来の用語からも、そうでないことがわかっています。双方向であれ一方通行であれ、相手とのあいだに尊敬、信頼があればいいんです。そうなると、見える景色も変わります。「あなたが尊敬してくれるなら、私も」という交換条件は成り立ちません。自分から先に尊敬、信頼することがスタートです。それだけで十分に価値があります。

その前提となるのが、自分への尊敬、信頼。自分の存在を肯定できない人に、他者を丸ごと肯定することはできません。「足りない部分も多いけど、それでも価値がある」という無条件の尊敬、信頼を、まず自分にもってください。

垂直関係で人を見ない。水平関係でかかわって

上司はただの立場。人としての上下じゃない

対等な関係のための必要条件が、もう1つあります。それは垂直関係ではなく、水平関係で人を見ることです。

上司は上の立場を表し、部下は下の立場を表します。これは辞書的な意味のとおりです。ただ、ここで誤解が生じることも。上司のほうが、価値が上という誤解です。上司も部下も、組織が仕事を円滑に進め、利益を出すために用意されたポジションにすぎません。適任の人が配属されるだけのこと。けれど上司は、「自分のほうがえらい」「もっと上司に気を遣うべき」と思い込みがちです。優越コンプレックスで、勇気をくじかれているのかもしれませんね。

社長や本部長クラスの人と、新米の平社員であっても、人としての関係性は対等です。そのように人を見ることで、部下や後輩との相互尊敬・相互信頼も成立します。

指導や命令でなく、「協調」で力を引き出す

垂直関係では、対等で開かれたコミュニケーションも、相互尊敬・相互信頼も成り立たない。

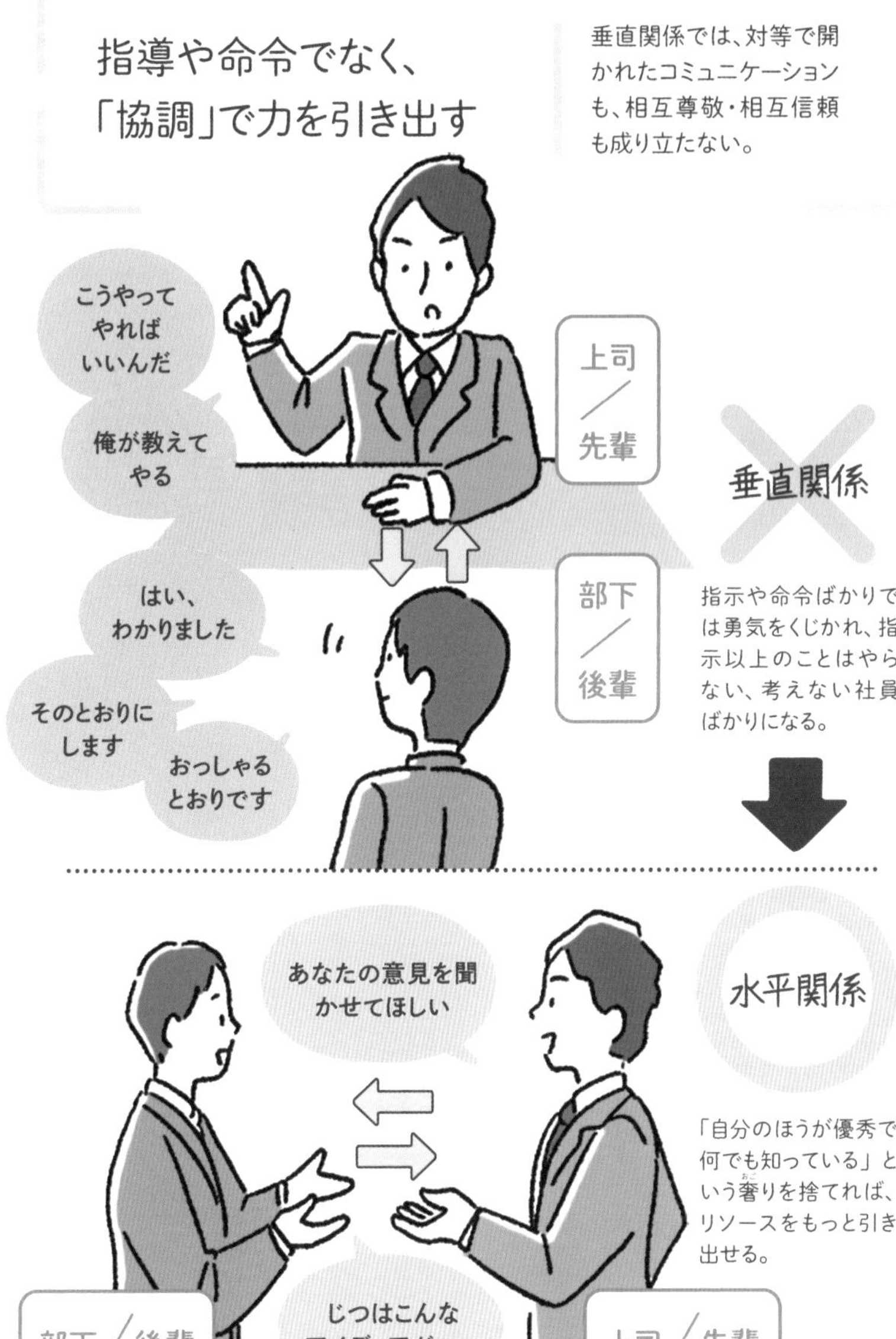

ほめ言葉は垂直関係。水平関係で勇気づけを

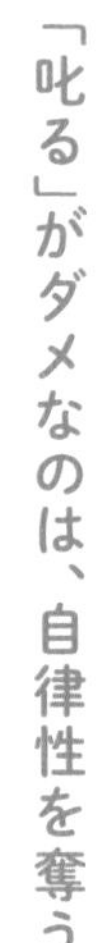

「叱る」がダメなのは、自律性を奪うから

世の中の流れとして、部下への接しかたは見直されてきています。少なくとも、尊厳を傷つけるような暴言を耳にする機会は減りました。

叱責がなぜよくないかを、あらためて考えてみましょう。

「叱る」「ほめる」というのは、人の行動に対する条件づけです。学習心理学でも古くから研究されてきた知見で、叱ることで望ましくない行動を消去できます。ただ、叱ってばかりいると、「どうせ何をやってもムダ」という学習性無力感から、自分で考えて動かなくなります。

現代のビジネスシーンで望まれているのは、こんな消極的な姿ではありませんよね。自律的に考え、動き、自由に発想できる人のはず。その意味で、叱って人を動かすことは望ましくないんです。

行動へのプラス評価はほめ言葉。勇気づけは相手自身への肯定と感謝。

ほめ言葉と勇気づけの違いに気づく

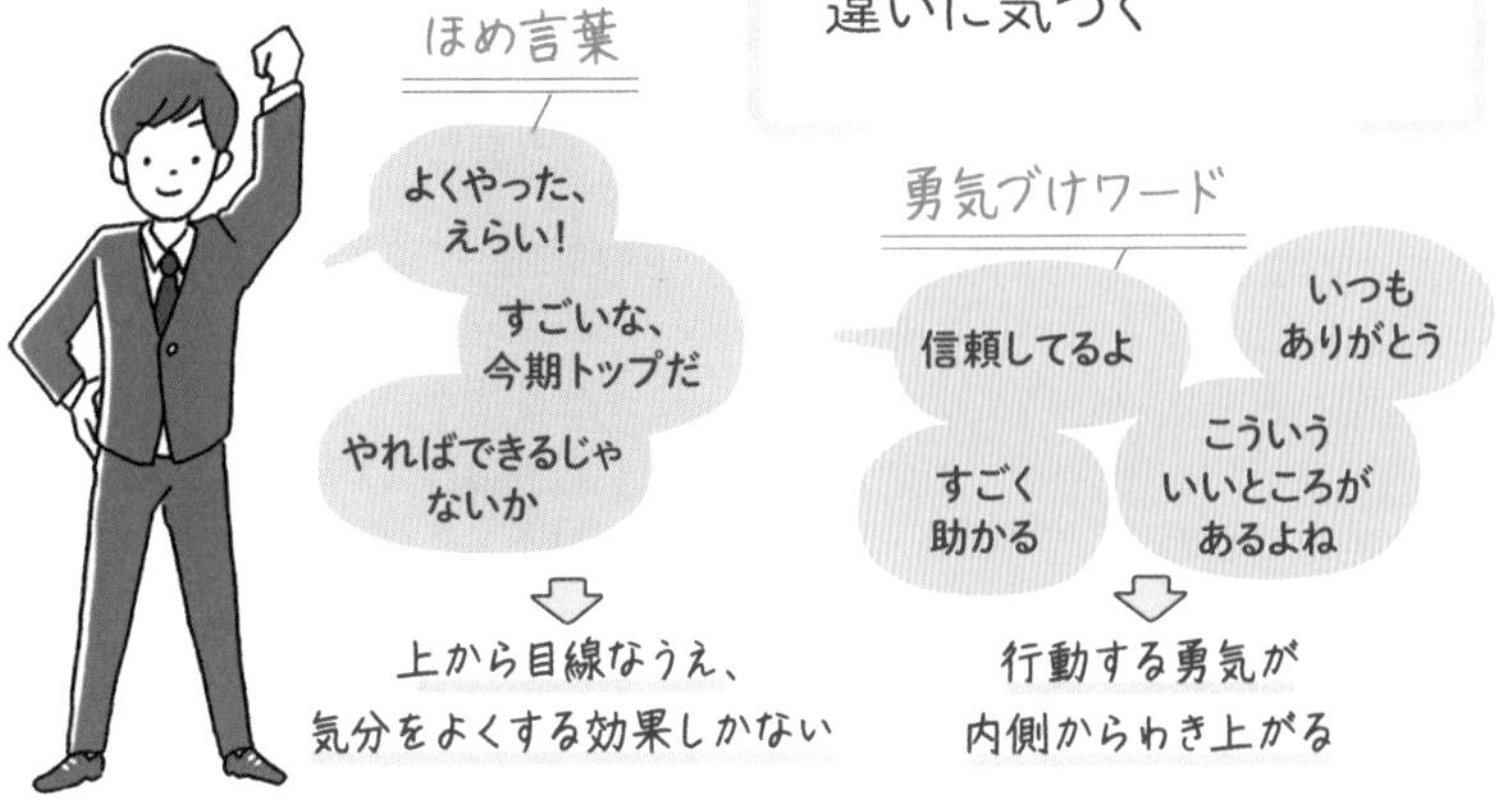

ほめ言葉

よくやった、えらい!

すごいな、今期トップだ

やればできるじゃないか

上から目線なうえ、気分をよくする効果しかない

勇気づけワード

信頼してるよ

いつもありがとう

すごく助かる

こういういいところがあるよね

行動する勇気が内側からわき上がる

1人よがりな勇気づけにも注意しよう

では、ほめるのはどうか。これも人の行動に対するコントロールです。上司が望む行動をしたときにほめれば、行動は強化されるでしょう。でも目的は、ほめられるという報酬です。自律的に考え、行動する姿勢は養われません。

しかもほめる行為は一般に、上の立場の人が、下の立場の人におこなうもの。垂直関係のなかでの言動ですね。

勇気づけは違います。相手を対等な存在とみなし、相手の存在価値を丸ごと肯定すること。失敗しても自分の存在価値はなくならない、否定されないと感じられることに意味があります。結果として、リスクを引き受け、行動する勇気がわきます。その意味でも、「嬉しいです。ありがとうございます」の返答で終わるようでは不十分。勇気づけの成否は、受け手の行動がどう変わるかにかかっています。

聞く姿勢も大事。非言語メッセージを見直す

「いかにも上司」な態度で話していない？

人のふるまいは長年の習慣で培われます。自分ではそんなつもりがなくても、〝上司っぽい〟態度をとっていませんか？　部下は上司の言動やふるまいすべてから、何らかのメッセージを受け取っています。勇気づけワードをかけていても、態度が同じでは、部下を勇気づけられません。

挨拶1つとってもそう。挨拶は「朝早いですね」「終業時刻ですね」という情報交換ではありません。「あなたを気にかけています」「仲間としてともに気持ちよく働きたいと思っています」のメッセージです。なのに部下の挨拶に、顔を上げて目を見ることもしない上司がいるのは、ちょっと残念。同じことを部下がしたらムッとするのに、「自分の立場が上だから」と、ついやってしまう人もいます。このような非言語メッセージも、水平関係で見直していきましょう。

「あなたの話を聞きたい」という姿勢でかかわる

カウンセリングで用いられる「聞く姿勢」の基本。相手が思いを話しやすい場をつくる。

視線
目線をあわせ、相手自身と相手の話への関心を伝える。
ペーシング
相づちとともに、話すスピードなどを相手にあわせる。
身体言語
姿勢や手ぶり、その変化も相手にある程度あわせる。
声の質
声の大きさ、トーン、語気の強さも話しやすさに影響。
言語的追跡
相手の発言を優先。話の腰を折らず、間があっても待つ。

部下が失敗したときも、叱らずに勇気づける

行動だけにフォーカスし、存在を否定しない

アドラー心理学では、失敗（敗北）と失敗者（敗北者）を分けて考えます。失敗は学びのための貴重な機会。どんなに失敗しても、それだけで失敗者とはなりません。一方の失敗者は、人生の有益でない側面に向かい、社会に受け入れられない方法で行動し続ける人です。「自分のせいじゃない。悪いのは全部会社と上司」と言い続けるのも後者です。勇気をもって行動すれば、失敗もします。当然の帰結です。課題を克服し、力をつけていく道のりと考えてください。

部下が失敗したときも、その前提で。失敗したからといって、失敗するような人間とみなし、価値を低く見ないことです。人間の価値と行動は同じではありません。「あなたのことは好きだし信頼してる。でもこの行動だけは改善してほしいな」というのが、基本的な構えです。

感情的にならず、毅然とした態度を意識して

そうはいっても、ビジネスの現場はシビアです。部下自身で責任がとれない失敗も多く、上司は頭を抱えることも。「いいんだよ。気にしないで」なんて、すべてを抱える必要はありません。失敗へのフィードバックも必要です。

大切なのは、感情的に注意しないこと。アドラー心理学では、他者の言動に感情的に反応せず、毅然とした態度でいることを重視します。「なんてことしたんだ!!」と思っても、それをぶつけないようにしてください。

行動の理由を知り、善後策を考えたいときは、「どうした? 何があったの」くらいがベスト。部下も萎縮(いしゅく)せずに話せます。理由を聞いたうえで、どの段階でどうすればよかったかを一緒に考えましょう。「信頼してるから、次はその方法でやってみようか」まで言えたらパーフェクトです。

部下にイライラするのは、相手を支配したいから

不機嫌な態度は、自分自身の目的のため

「俺は部下を支配したくて怒ってるんだ!!」なんて、正面きって言う人はいないでしょう。ほとんどの上司は、「部下の成長のため」と考えています。

しかしアドラー心理学では、怒りを目的のための手段と考えます。ここでの目的は、相手を支配し、言うことをきかせること。一方で、人は自分の自尊心を守ろうとするものです。自分はいい人間だと思いたいし、イヤな人間だと思うことには耐えられない。そこで「部下の成長のため」などと、いろんな理由をひねり出します。

どっちが正しいかは、結果を見ればわかります。怒りやイライラをぶつけられた部下たちが、期待どおりに成長しているかどうかです。上司を恐れ、ビクビクしているだけというのが実際のところではないでしょうか?

怒りっぽい上司のもとでは、怒られないことが部下の目的になってしまう。

「あれだけ言ったのに」は、たいてい自己満足

その意味では、「部下のためを思って言ってる」「食事に連れていき、話を聞いてあげた」なども、たいていは自己満足。自分のためと考えるのが妥当でしょう。

部下にイラついてしまうことがあれば、自分の目的をいま一度見直してみて。仕事を大切に考えるなら、組織全体のパフォーマンスを上げることが第一義です。そのために適切な手段を考え、実行していく必要があります。

上司にとっても勇気のいることです。「いままでのやりかたは間違ってたかも」「部下たちを傷つけていただけかも」と思えば苦しくなります。でも、目的に沿って別の方法を実行し、信頼・尊敬される上司になれたら? けっして悪い選択ではないはずです。自分を勇気づけ、部下を勇気づける。そこから生まれる好循環をめざしてください。

叱ったり ほめたりしたときは、 3倍勇気づけを

「叱らない」「ほめない」は大事。でも現実は……

「叱ってもダメ、ほめてもダメ。いったいどうすればいいんだ!!」と感じている上司もいるでしょう。いまは多くの言動がハラスメントと結びつけられる社会です。プライベートの異性関係を聞くのもダメ、異性の部下や後輩を食事に誘うのもダメ。息苦しく感じるのも無理はありません。

あまりにきびしい基準を課していると、上司の自尊心が崩壊してしまいます。部下とかかわるなかで、つい叱ったりほめたりしたときに、自分を責めないように。開き直りにならない範囲で、「人間だからしょうがない、そんなときもある」と受け止めてください。

肝心なのはその後の行動です。叱ったりほめたりしたときは、3倍勇気づけしましょう。「信頼してる」「ありがとう」「助かった」などの言葉を、心からの思いとして伝えます。

「しまった！」と思ったら、勇気を出して謝る

勇気を出して、素直に謝れる上司の姿は、部下にも勇気を与える。

失敗したときの対処が、部下の手本にもなる

叱ってしまったとき、相手を否定する物言いをしてしまったときは、謝る勇気をもつことも大切です。気まずさやはずかしさもあるでしょう。でも、「さっきは申し訳なかった。ほんとごめん」と素直に非を認める上司って、格好いいものです。その姿こそ、部下にとってのお手本です。素直に謝る勇気を多くの人がもてたら、組織風土は確実に変わります。「自分は悪くない」「悪いのはあいつだ」と責任を押しつけあう組織に比べ、どれだけ生産的でしょうか。

態度は習慣ですから、続けるうちに慣れます。最初は部下も戸惑い、「どうしたんですか」などと言うかもしれません。そんなときは、「上下関係で人を見てきたけど、それを変えたいんだ」「ちょっと気持ち悪いかもしれないけど、これでやっていこうと思う」と明言するのもアリです。

部下の行動を、性格のせいにしない

「だからダメなんだ」のひと言が、勇気をくじく

　私たちは原因論でものを見ることに慣れています。たとえばおなかが痛くなったとき。「食べすぎかな。それとも流行りの胃腸炎？」と原因を探り、それにあう対処を考えます。「原因があるから結果がある」という原因論は、ものごとの理解に役立ち、自然科学の発展にも大きく寄与しました。

　ただ、人の行動は、明確な因果関係で成り立っていません。部下のミスの理由も同じ。「取引先になぜそんなことを言ったか、自分でもわからない」という場合もあるでしょう。それを原因論で理解しようとすると、「見栄っ張りな性格だから」など、性格に原因を求めがち。認知科学では、これを「基本的な帰属の誤り」といい、人の脳に備わった癖のようなものです。「だからダメなんだ」と相手に否定的感情をもってしまいますし、部下の勇気もくじかれます。

変えてほしい行動は、勇気づけワードで伝える

×
ほんとに
グズなんだから……
締め切りが大事って、
何度言ったらわかるんだ
○
マイペースなところがあるよね。
もう少しスピードアップ
してくれると助かるんだけどな

行動のみに焦点をあて、「こうしてくれると嬉しい」などと伝えよう。

私生活と仕事を、安易に結びつけない

人の行動を性格のせいにすると、職場以外の人間関係にも支障をきたすかもしれません。そのくらい、他者からの決めつけは苦痛です。決めつけられた相手は、「自分のことを理解しようとしてくれない」「いつも上から目線でジャッジしてくる」と感じるでしょう。

仕事上の行動と性格を結びつけたくなったときには、せめて、「これはバイアスかも」と立ち止まって考えられるといいですね。私生活についてもそう。昔は、「女（男）のことで頭がいっぱいで、仕事がおろそかになってる」など、セクハラとパワハラ、人格否定のあわせ技発言もありました。強度は弱まりましたが、いまも長期育休をとる男性への嫌味などは存在します。自分はその人のごく一面しか知らず、行動の理由も説明できないことを肝に銘じておきたいものです。

「普通はこうだ」の私的論理を押しつけない

上司の思い込みや決めつけが、部下を苦しめる

人にはそれぞれの常識があります。本人にとっては、「誰だってそう思う」「社会はそのように成り立っている」という自明の理。でも、傍から見れば違います。だから、「普通は」と言われると腹がたつんです。「それってあなたの感想ですよね」と言いたくもなるでしょう。これが「私的論理」です。

一方で社会には、大多数が共有する常識も存在します。これが「コモンセンス」で、共同体の維持・発展に必要な倫理もこれにあたります。職場では、コモンセンスと私的論理が入り混じっているのが厄介なところです。業界に共通の価値観もあれば、企業ごとの社風もあります。自分が若いときに上司に言われた言葉も強く影響しているでしょう。

まずは自分の私的論理に気づくことが大事。左のシートの空欄を埋めると、自分の私的論理が浮かび上がってきます。

4つの空欄を埋めて、自分の私的論理に気づく

ものの見かたの癖と、その背景にある信念が見えてくる。認知心理学では「スキーマ」とよばれる。

他者のこと

特定の誰かでなく、他者全般。職場での評価、人づきあいなどで悩んでいると、「他者は私にきびしい」などになりやすい。

例 「他者はいつも私をイラつかせる」

「他者は結局、信用できない」

↓

他者は

自分自身のこと

自分をどんな人間と見ているか、どうあるべきと考えるか。職場での自分以外に、プライベートの自分で考えてもいい。

「私はどんな仕事にも全力を尽くす」

「私は上司に逆らったりしない」

↓

私は

人生が自分自身に要求していること

生きるために築き上げてきたマイルール。幼少期につくられたライフスタイルに強く結びついている。

「つねに人より高い成果を出さないといけない」

「人にきらわれたらおしまいだ」

↓

世界のこと

自分のいまの居場所だけでなく、世の中をどう見ているか。勇気をくじかれていると、世界は苦痛に満ちた場所に映る。

「世界はきびしい。負け組の居場所はない」

「世界はイヤなことだらけ。耐えるしかない」

世界は

「信念メガネ」を外して、部下を見てみよう

信念メガネが、部下を見る目を曇らせる

私的論理を書いてみてどう感じましたか？　「これはコモンセンスでしょ」と感じた人は、頑なな信念メガネをかけているのかも。回答欄の内容は1人1人違うものだからです。

「普通は」の言葉をやめて、相手に望むことを具体的に依頼すれば、相手も前向きにとり組めます。「あなたのことを信頼してるけど、マイペースなところだけはちょっと好きになれないんだ」「もう少しスピードアップしてくれると嬉しいな」などの表現なら、勇気づけにもなります。

自分の信念メガネを疑う習慣がつくと、部下のいい部分も見えてきます。「自分の部下はほめるところもない」と感じるのは、メガネが曇っているだけかも。あなたが思う「あるべき人材像」と、組織で働く実在の人々は違います。メガネを外せば、そこにはありのままの価値があるはずです。

職場でよくある信念メガネをチェック

昔はよく耳にした価値観だが、時代ごとの変化も大きい。自分世代の常識も私的論理と考えて。

6つのライフスタイルで、教えかたを変える

メンバー1人1人のライフスタイルを理解して

部下の強みに気づき、勇気づけしていくには、ライフスタイル理解も役立ちます。

多くの場合は、日ごろのかかわりから推測がつくはず。出生順位もそのヒントになります。たとえばちょっとした雑用を含め、誰の役割かが明確でない仕事があるとします。第一子（だいいっし）はそれに気づき、どんどん片づけていくかもしれません。結果として多くの仕事を抱え、苦しくなることがあります。一方の末子（まっし）は、「お姉ちゃんに任せとこ」という態度で、自分からは動かないことがよくあります。

このような特性に気づけると、チーム全体の仕事の割り振り、個別の業績目標の設定を考えるのに役立ちます。1on1のコーチングでも、相手の考えかたの傾向がわかり、サポートしやすくなるでしょう。

達成目標への感じかたも、人それぞれ

たとえば高い目標を設けたとき。右上の2人は平気でも、右下の2人は「自分にはムリ」となりやすい。

ゲッターには、チームの利益を考えてもらう

自身の利益から、チーム全体の利益へ

ゲッターは、ほしいものを努力して手に入れるのではなく、「自分には当然その権利がある」と考えるタイプ。周囲が大忙しのときに自分の手が空いていても、あまり気にしません。そのため周囲が不公平感を抱くことがあります。

ただ、それを直接注意しても、人は動きません。ほかのライフスタイルでも同じです。強みと弱みは表裏一体ですから、強みに着目しながら勇気づけしていきます。

このタイプは、基本的には外交的です。人を惹きつけることも得意です。損得勘定に優れ、予算交渉も得意なはず。新規開拓などで強みを発揮してもらいながら、チーム全体の売り上げを考える機会を増やすといいでしょう。自分の利益にならない人間関係を軽視する傾向もあるので、メンター役などを業績考課に含めるのもアリです。

損得勘定は、うまく使えば仕事にいきる

本人の業務プロセス、結果だけでなく、周囲とどうかかわっているかに着目して見ていきたいタイプ。

課題となる
ネガティブな部分
伸ばしていきたい
ポジティブな部分
自分の得にならないことは、すべて人任せにしようとする
役割を明確に与え、最後まで自分で遂行してもらう
イライラしたりして、人を思いどおりに動かそうとする
周囲の人が巻き込まれないよう、人間関係に配慮する
魅力や社交性で人を引きつけることができる
新規顧客の開拓など、社交性がいきるタスクを任せる
利益を得ることを合理的に考えられる
自分の利益だけでなく、チーム全体の利益に目を向けてもらう

ドライバー型には、高めの目標を課していい

うまくいっているときは、チーム全体の支えに

意欲的に働いて一番になることが、ドライバータイプのミッション。放っておいても働く点は、上司にとって大きなメリットです。業績目標が明確なら、テレワークでもきちんと自己管理してとり組めます。人より高い目標を課しても、期待値と受け取って熱心にとり組み、達成します。

一方で、自分のやりかたが正しいと考え、周囲にダメ出しをすることも。業績の低い人を見下す態度をとることもあります。このような軋轢（あつれき）が生じたときは、「どっちのやりかたにも理があるし、いい部分があるんじゃないかな」など、個々の価値を認める視点を提供して。パッと見で業績が低い人の貢献に、さりげなく気づかせる工夫もいいでしょう。

大量の仕事を抱えて燃え尽きるリスクもあるので、心身の調子を崩していないか見ておくことも大切です。

能力と努力を認めつつ、無理しすぎないように支える

細かく口出しせずに任せておけば、自己管理して働くが、要所要所でさりげなくサポートしてあげて。

課題となるネガティブな部分

売り上げに直接つながらない業務や、目的の不明瞭な会議などをきらう

目的をきちんと説明したうえで、裏方仕事でも貢献してもらう

「自分でやったほうが早い」と、何でも抱え込む

他者のやりかたにも理があると伝え、分担や協業を業務として依頼

伸ばしていきたいポジティブな部分

高い目標を達成するために、全力で努力する

最初から高めの目標を課して、チームの稼ぎ頭になってもらう

うまくいかないことがあっても、そこから学び、次にいかせる

細かい口出しは不要。要所要所で進捗を聞く

コントローラー型には、自由度の高い仕事を増やす

几帳面すぎて、上司のルーズさに腹がたつことも

几帳面で完璧主義なコントローラーは、日々の仕事を、コツコツ真面目にこなします。数字やスケジュールの管理、書類作成も得意です。こうした強みがいきる業務を担ってもらうといいでしょう。感情的になることもなく、後輩に業務手順を教えるなどの仕事も向いています。

このような強みをいかす一方で、マニュアルのない仕事に徐々に慣れてもらうことも大切です。とくに現代はビジネス環境の変化がはげしく、予想外の事態はつきもの。マニュアル的にできる仕事はＡＩに任せる流れもあります。自由度の高い仕事に一緒にとり組み、急な依頼への対処法、トラブルへの対処法を見せておくといいでしょう。いきなり担当させると混乱するので、「やってみて、言って聞かせて、させてみて……」のイメージで支援してください。

几帳面さをいかしつつ、自由度を徐々に高める

自由度の高い仕事を急に任せても、困惑する。一緒にとり組み、柔軟な対処法を徐々に覚えてもらう。

課題となるネガティブな部分

完璧主義で失敗を恐れる。神経質さで周囲にイライラすることも

「80点で十分」と伝え、周囲を見るときの基準も少しゆるめてもらう

ガイドラインや明確なとりきめがないと、仕事にとり組めない

アイディア出しなど、自由度の高い仕事も徐々に任せてみる

伸ばしていきたいポジティブな部分

数字やスケジュールなどをつねにきっちり管理する

予算管理や進行管理、マニュアル作成など、几帳面さがいきる業務を依頼

自制心が強く、感情的にならずに人と話せる

後輩指導などでも、教えるべきことをきっちり教える冷静な指導役に

プリーザー型には、ミーティングのまとめ役を依頼

勇気づけがもっとも効果を発揮するタイプ

人に好かれ、承認されることに価値を置く人です。上司が何を期待しているかを敏感に感じとり、それに沿って行動します。チームの雰囲気をよくするのにもぴったりです。

上司にとってもつきあいやすい部下のはず。とはいえ、そこで満足していては、全体の業績を上げることはできません。他者の顔色ではなく、業務そのものに関心を向け、成果を上げる喜びを感じられるよう支援しましょう。リスクをとり、一歩踏み出す勇気をもってもらいます。

このタイプはミーティングや会議でも批判を恐れ、積極的に発言しません。個別に話し、意見を求めることから始めてみて。対人調整力をいかして、ミーティングの進行管理役を任せるのもいいでしょう。そのような役割を通じて、自分なりの意見をもち、発信する力を育てていきます。

細やかさをいかしながら、責任を徐々に引き受けてもらう

対人関係の細やかさは強み。それをいかしながら、業務そのもので力を発揮できるよう支援する。

課題となる
ネガティブな部分

伸ばしていきたい
ポジティブな部分

批判を恐れ、
自分の意見を
言えないことが多い

会議などの場だけではなく、
個別に話して、考えや
アイディアを聞いてみる

感受性が強く、
人の表情の変化に
敏感に気づける

対外的なやりとりや
後輩指導などで、
対人調整力を
いかしてもらう

自分で決断し、リスクを
引き受けることが苦手。
強いリーダーには不向き

ミーティングのまとめ役など、
対人調整力をいかした
リーダーシップを期待

承認を求める傾向が強く、
報告や相談を
こまめにしてくる

予想外のトラブルは
起きにくい。勇気づけで、
自分で進められる
ようにしていく

ベイビー型には、企画〜実行まで任せてみる

愛されキャラもリソースのうち。あとは実務を！

人に愛され、かわいがられるタイプだからといって、働かないわけではありません。ライフスタイルを建設的に使えていれば、指示されたことはこなします。周囲を笑わせ、なごませることも得意。落ち込んでいる人がいれば声をかけ、「飲みに行こうよ」と誘うなどの気遣いもしてくれます。

上司の機嫌をとるのも得意ですが、上司はそこに気をとられないように。自律的に働く力がつくよう、勇気づけしながらかかわっていきます。1on1のコーチングでは、ソクラテス式問答などで考える力を養うのもいいでしょう。「このプロジェクトで支障になる点は何だろう？」「どんな解決法があるかな」など、答えを想定せずに問いかけていく方法です。代わりに考えたり、解決してあげたくなっても、ぐっとこらえてくださいね。

徐々に自立を促し、責任ある仕事を任せていく

甘え上手なタイプだけに、上司の対応が肝心。ほかの人と平等に接するよう心がけて、自立を促す。

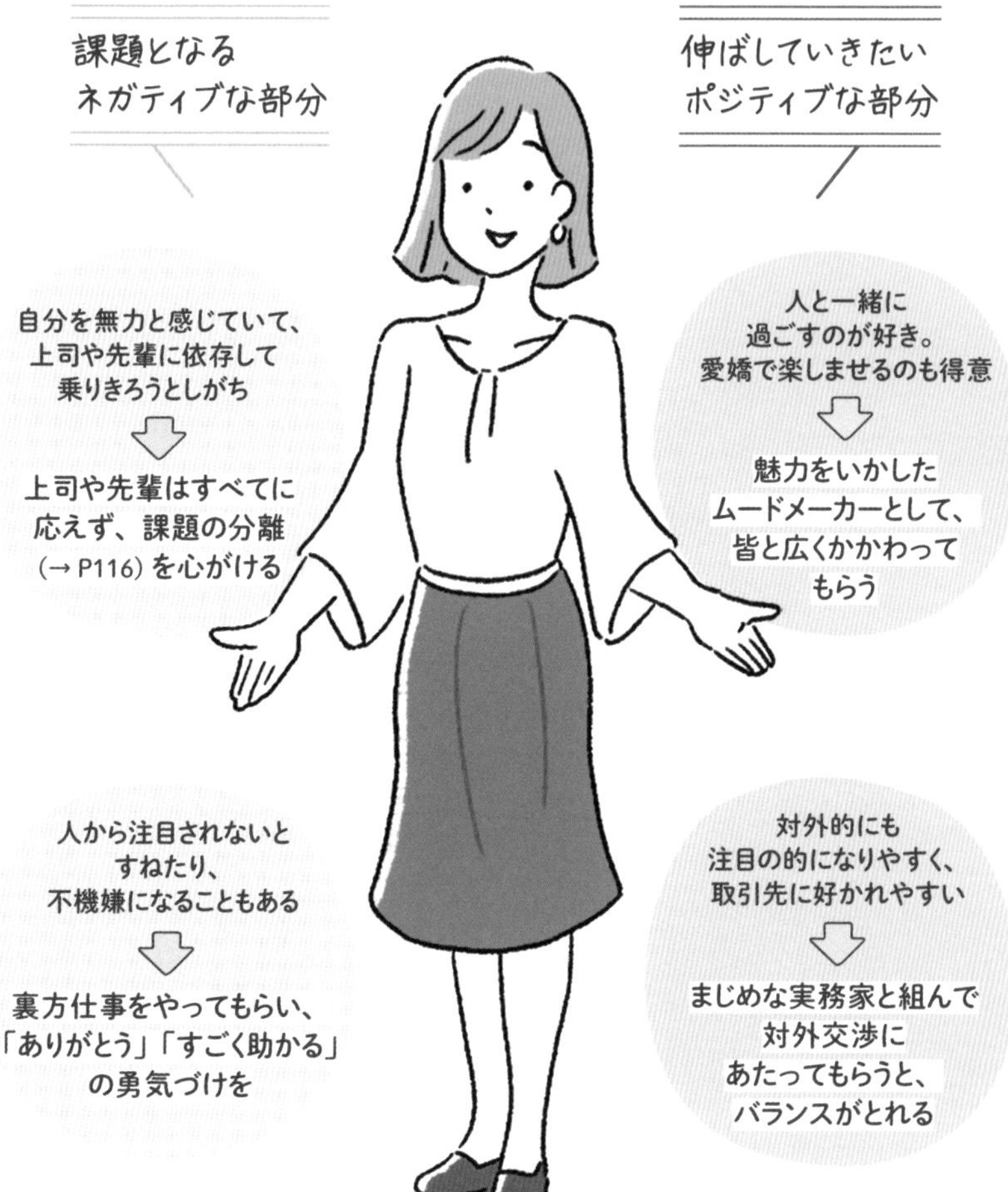

エキサイトメント・シーカーには、多少の管理も必要

ドライバーとベイビーの特徴、両方をあわせもつ

刺激を好むタイプだけに、仕事の向き不向きがはっきりしています。ルーティンワークに価値を見出せず、自由にアイディアを出すような仕事を好みます。人を惹きつけ、巻き込む力もありますが、安定性に欠けるため、トラブルメーカーになってしまうこともあります。

見た目に華やかなクリエイティブ職、表に出てPRを担う広報業務なども、日々のルーティンワークがあってこそ。堅実な実務スキルがなければ、対外的信用は得られません。実務にまじめにとり組む姿勢を引き出すことが課題です。対外的なやりとりをどのように進めているか、スケジュール管理はどうかなど、報告をこまめに求めてください。そのうえで、豊かな発想で考えた企画を最後まで実行できるよう、サポートしていきましょう。

独創性がいきる仕事に。報告はこまめに求めて

取引先に対して、思いつきで何か言ってしまう恐れも。本人を守るためにも、多少は管理する。

部下の課題と自分の課題を分けて考える

何もかも引き受けていては、部下が育たない

面倒見がいいといわれる上司や先輩は、どの職場にもいます。それ自体に善悪はありません。大事なのはその目的です。職場における部下・後輩の育成は、共同体としての発展が目的のはず。しかし自身の劣等感から、皆に慕われようとして、面倒を見たがる人もいます。「面倒を見る」という言葉自体、そのニュアンスを多分に含んでいますね。

リスクを引き受け、一歩踏み出せる人にしたいなら、世話ばかり焼くのは望ましくありません。必要なのは課題の分離。「これは誰の課題なのか？」と、責任の所在をあきらかにする視点です。アドラー亡き後に発展した概念で、子育て中の親のために、アドラーの弟子R・ドライカースが提唱した内容がルーツとされます。目的は、子どもが自力で課題を解決できるよう支援することでした。

ストレスで休むのは本人の課題だが、どうすれば毎日出社できるかは共通の課題といえる。

上司と部下の「共通の課題」もある

たとえばあなたがIT企業で働いているとします。長年の取引先の1つを部下に任せることにしました。最初は順調に見えましたが、「無理難題ばかり言ってきて困ってます」と部下が訴えてくるように。こんなときどう対応しますか？

取引先の無理難題に、その場その場でどう応えるか。これを考えるのは部下の課題です。しかし取引自体がなくなれば、上司も困りますね。予算面や負担面で、相手方の要求にどこまで応じるかの基準設定は、共通の課題です。

上司－部下関係では、このように課題を分離。部下自身が責任をもって課題に対処する力を養います。相談にのるときも、何が本人の課題で、何が共通の課題かを明確にしておきます。部下は自分ごととして仕事を管理するようになり、上司側も、過度に巻き込まれることがなくなります。

強みに注目すると、パフォーマンスが本当に上がる!!

部下のストレングスに目を向け、勇気づける

ビジネスシーンにおける効率至上主義は、資本主義社会の当然の帰結といえるもの。職場のギスギス度が増していると感じる人も少なくないでしょう。「勇気づけで成果が出るなら、苦労はないよ」という声も聞こえてきそうです。

このような状況だからこそ、人の強み（ストレングス）に注目する研究が世界的に増えています。たとえば1000人以上の労働者で、ストレングスと仕事の成果の関係を調べた研究（Lavy S, Littman-Ovadia H&Boiman-Meshita M,2017）。ストレングスをいかして働けている人は、左上の4項目すべてが高いとわかりました。ここでのストレングスは、P57の6領域（24項目）のこと。知的能力が高ければいいわけでなく、誠実さや親切さなども大切な要因です。そこに目を向け、いかせるように勇気づけていきましょう。

やりがいを感じながら
成果を上げられる
ようになる

仕事の意味・意義⬆

意義や充実感がある。
自分にあうと感じる。

ワークエンゲージメント⬆

活力・熱意・没頭が揃った前向きな心理状態。

働きがい⬆

仕事そのものや環境、
同僚への満足度など。

仕事のパフォーマンス⬆

組織内で期待された役割を果たせているか。

思いやりや共感の力も、大事なストレングス

社会的知能も、重要なストレングス。神経科学や認知科学、認知心理学、道徳心理学、行動経済学など多方面で注目され、「社会脳」として世界的トレンドになっています。

他者とのつながりは、人の原初的な生存戦略です。脳の前頭前野は、哺乳類のなかでも人が特異的に発達させてきた領域。この領域や頭頂葉を中心に脳内のネットワークを広げ、他者の心を想像し、共感し、思いやる機能を発達させてきました。これが社会脳の中核です。人のためになる利他的行動をとることで、幸福感が増すという研究も数多くあります（Dunn EW, Aknin LB& Norton MI, 2008ほか）。

人との共感的な結びつきがこのネットワーク構造を強化するという神経科学の知見もあり（Siegel DA, 2009ほか）、共同体感覚、勇気づけの価値が再確認されています。

指示ばかりせず、部下を信頼して任せてみる

部下と話し合い、目標の一致をはかる

部下への信頼は関係の基礎となるものです。でも、部下にはまだできないことが多いのも事実。失敗すれば自分に責任が降りかかります。そこがむずかしいところです。

信頼は、何でも任せることを意味しません。失敗したときの被害を考えてバランスをとりましょう。いまの部下にできそうなこと、新たに挑戦させたいことを課題として選びます。

このとき大切なのが、何をどこまでやるか、本人と話し合って決めること。これが目標の一致です。上司が決めた内容、分量で指示しなくてはならないときも、一方的な指示は避けます。何を期待されているのか、責任はどこまでかが本人に伝わらないと、考えて動く力がつかないためです。「リスクを引き受け、自分で決めた」という感覚がもてないと、失敗したときに上司のせいと感じることもあります。

ハードルが高そうなら、スモールステップで

目標の一致をはかり、課題を分離した後も、サポートはもちろん必要です。このとき役に立つのが、ライフスタイル分類です。プリーザーやベイビータイプの部下は、自分で考え、リスクを引き受けるのを恐れます。こまめに相談にのりつつ、正解を教えようとしないことが大切です。

自信がなく、課題の大きさに圧倒されることもよくあります。この場合はスモールステップで進めましょう。企画書を書くのであれば、まずマーケティング資料を用意。次に競合製品のヒット要因をリサーチ。そのうえで自社の提案というように細分化します。1つずつクリアしていくことで、「ちゃんとできた」という自信もつきます。

反対に、自分で考えて動くタイプの人には、報告を求めればＯＫ。口出ししすぎるとモチベーションが下がります。

どんな失敗をしても、その人自身を否定しない

「だからお前は……」だけは言わないで

いざ失敗したときにどうするか、対応のしかたも理解しておきましょう。書類のミス程度の失敗なら、落ち着いて対処できますね。でも、取引打ち切りレベルなら？　「注意点をあれだけ言っただろ」「何をやったらそんなことになるの」と、思わず口にしてしまいそうです。ただ、このレベルの失敗をして、落ち込まない部下はいません。自分から報告してきたのなら、それだけでも勇気のいることだったはず。上司としても、隠されるよりずっとましです。心からの思いとして、「話してくれてありがとう」の言葉をかけましょう。

ついカッとなったとしても、「なぜ相手の身に立って考えられないんだ」などの人格否定は避けて。「君にはムリだと思った」などの責任転嫁もダメです。部下に任せると決めたのは、自分の選択であることを忘れないでください。

相手自身を否定せず、「ここだけは直して」と具体的、限定的に伝える。

どれほど信頼しているか、思いを込めて伝える

共同の課題である場合も、先回りして失敗を防ぐのは避けましょう。貴重な学びの機会を奪います。

たとえば面倒な仕事を放置していると、仕事が終わらず、責任をとることになります。これは「自然の結末」です。一度体験すると、「面倒な仕事から早めに手をつけるべき」と学べます。上司ともそう約束するでしょう。なのにそれを無視し、次も同じ失敗をしたら？　こちらは「論理的結末」といい、ルールや約束を守らなかったことの帰結です。

自然の結末をまず経験しないと、結果として何が起こるかを学べません。これを経験させたうえで、論理的結末に対しては、自分で決めた行動として責任をとらせます。

失敗の事後処理も学びの機会。上司主体でおこなう場合も、課題を分担しつつ、結末を部下に見せてください。

Q1

失敗の責任をとるのは自分。それでも部下に任せるべき？

A1

上司の負荷も問題です。部下を最優先に考えなくて大丈夫

現代のビジネスパーソンの最大のつらさは、仕事量です。不安、悩み、ストレスの原因について尋ねた調査でも、「仕事量の多さがつらい」という回答が最多。次が「仕事の失敗、責任の発生等」でした(令和4年 労働安全衛生調査)。膨大な仕事に押しつぶされ、責任も押しつけられるという、苦しさが伝わるデータです。

この状況で、部下の成長を願って仕事をどんどん任せ、すべてカバーするのはむずかしいでしょう。

部下指導は大切ですが、部下を最優先に仕事を進めることはありません。自己犠牲を前提にした指導では、自分の勇気もくじかれ、部下を勇気づけることもできなくなります。「こんなに無理して教えてるのに」と、怒りや恨みが生じる可能性も。

部下のタイプにより、任せられる量も違います。たがいの状況を考慮して、どこまでやれるか、どこを任せたいかを話し合い、無理のない采配をしてください。

Q2
無断欠勤をくり返す新入社員。さすがに本人の問題では？

A2

はい、本人の問題です。でも共通の課題もあるはず

新入社員の無断欠勤の話は、どの企業でもたびたび聞かれるようになりました。若手を非常に大切にする現代的な流れもあり、「自分の指導がよくなかったのか」と悩む上司もいます。「兆候に気づけなかったのか」など、上司が上から問われることもあります。

若手を大事にするのは大切ですが、無断欠勤自体は本人の問題。そこは課題を分離して考えましょう。

そのうえで、無断欠勤せずにすむ方法を、共通の課題として話し合います。部下の力になりたいなら、それが最善。理由は本人に聞かなければわかりません。うつや適応障害で、まじめさゆえに連絡ができなくなる人もいます。「欠勤するときは連絡する」を共通の課題として、方法を考えるのもいいでしょう。

そのうえで、できている部分に注目し、勇気づけします。無断欠勤ばかりに焦点をあてると、ますます居場所がないと感じてしまい、力を出せなくなるためです。

Q3

年上の部下が、自分に心を開いてくれません

A3

“そういう人もいるよね”と焦らず待ちましょう

年齢が上だから役職が上という方針では、企業は転落まっさかさまでしょう。適したポジションに適した人材を配置するのは、日本でも当然の流れです。

とはいえ相手のプライドが高く、「年下にあれこれ言われたくない」という頑なな信念があることも。自分から尊敬・信頼の気持ちをもってかかわっているのに、相手が受け入れてくれないことは当然あります。

この場合は、心を開いてくれない人なのだと理解し、受け入れてください。相互尊敬・相互信頼は見返り目的ではないので、そのまま尊敬・信頼をもち続けて待つほかありません。

自分への尊敬・信頼も大事です。相手の態度にかかわらず、仕事上の指示や相談は必要です。相手の反応にいちいち動じず、一貫した態度でていねいにかかわり続けましょう。自分と相手を信じて待つこと、関係をゆっくり築き上げていくことが解決策です。

Part
3

チームワークで
成果を上げる!!

共同体感覚を育てる

いまや会社組織の仕事のほとんどが、チーム単位のもの。
目標共有、情報共有はもちろんのこと、
各自の割り当てにも気を使います。
ときには「あいつばっかりずるい!!」の不満が出ることも。
これらの課題の解決のカギは、メンバーの「共同体感覚」にあります。

Check!

あなたのチーム、こんな問題を抱えていない？

下のような問題が1つでもあれば、見直しを。
共同体感覚を高めることが解決策になります。

問題はあのプロジェクトでは？
働かないやつが、足引っ張ってるからだろ

- ☑ 困ったときに誰も助けてくれない
- ☑ 「あの人が問題」などの責任追及、責任転嫁が見られる
- ☑ 皆で協力しあおうという態勢、空気が醸成されていない
- ☑ 「自分は正しい、あの人は間違い」と主張する人がいる
- ☑ 「あの人ばかり全然やらない」などの不公平感が強い

○○年度
部門別売上推移
400
300
200
100
0
1
2
4
5
6
チーム内で
目標の一致が
はかれていない
上の立場の人の
ワンマンで
話が進んでいく
声の大きな人
ばかり発言し、
その方向で
決まっていく
皆が理解・納得
できているか
どうかは問題に
されない

人は、自分1人では幸せになれない

人生の無益な側から、有益な側へ意識を向ける

「自分って何だろう」「どうすれば幸せになれるだろう」。

この問いに答えるには他者が必要です。自分1人の世界では、自分の輪郭の片鱗（へんりん）すらつかめません。空腹を満たすことはできても、幸福を感じる瞬間は訪れないでしょう。人は社会脳をもち、つながりを生きる存在だからです。

社会があるから自分がいる。社会に貢献し、社会と調和できている感覚がある。これが共同体感覚です。社会脳をもつ私たちは、「自分さえよければいい」という利己的態度では幸せを感じられないようにできているんです。共同体の利益に目を向け、調和して生きていくことが、人生の有益な側面。誰もがめざすべき方向性です。

ちょっと壮大な話に聞こえますね。でも大丈夫。会社組織は、共同体感覚を理解し、高めていくのに適した場所です。

人はつながりのなかで生き、ゴールへと向かっている

身近な仲間の向こうには、人類という多くの仲間がいる。人が社会的生きものといわれるゆえんだ。

人類の福祉に貢献する
地球の反対側に住む人であれ、次世代やその次の世代の人であれ、自分に関係ない存在ではない。
共同体の一員になる
所属する組織、仕事以外でのコミュニティ、地域社会も、社会とのつながりを感じる大事な居場所。
仲間の関心に関心をもつ
もっとも身近な存在であるパートナー、家族、あるいは友人らとの関係が、社会的つながりの最小単位。
人生の意味
自分も他者も幸福になり、ともに成長していける

「貢献・有意義」「信頼・安全」「所属」の感覚をもつ

勇気づけしあうことで、共同体感覚が育つ

あなたは自分の仕事や職場が好きですか？　18か国のビジネスパーソンへの国際調査では、「働くことを通じて幸せを感じている」という回答は、日本が最下位という結果に（パーソル総合研究所、2023）。とりわけ低いのが、「所属組織に貢献したい」という思いです。

共同体感覚は、「貢献感・有意義感」なしには得られません。メンバーの一員として意味のある役割を果たし、組織に貢献できていると感じられることが大事。しかし日本のビジネスパーソンはその逆をいっているようです。

経済が停滞し、努力に見合う収入が得られない現状では、「会社のため」と思えないのも無理はありません。しかし所属組織に価値を見出し、仲間のために努力することは、私たち自身の幸福のためでもあります。

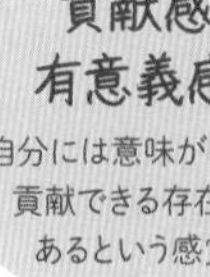

メンバーを大切にしながら、健康な心で働ける

共同体感覚を高めるには、「信頼感・安全感」「所属感」も欠かせません。3つ揃ってはじめて、職場のメンバーを仲間と感じることができます。

たとえば信頼感・安全感が不足していると、誰かを非難・攻撃することも。心理的安全性が守られていない状態では、「誰も自分の価値を認めてくれない」「何を言っても否定される」と感じ、居場所の確保に必死になるからです。自責の念を強め、うつなどの症状に苦しむ人も少なくありません。所属感が欠けている場合は、チームワークを乱すふるまいや、ルール破りをするかもしれません。不自由に感じることもありますが、ルールは、人間という弱い存在が生き延びるために不可欠の知恵です。アドラーはこれを「共同体を束ねる接着剤」と表現しました。

自分の関心以上に、他者の関心に関心を向ける

共同体感覚を、日々の人間関係で発揮する

晩年のアドラーは、共同体感覚を「社会的関心」の言葉で表すようになりました。自分がどう感じるかにとどまらず、実践に重きを置くようになったといえます。

社会的関心は、相手の関心に関心を向けることです。相手がいま何を感じ、何を話したいか。やりたいこと、やりたくないこと、困難に感じることは何か。それらすべてに関心を向けます。話を聞くときは、自分の関心をいったん脇に置いてください。「自分の関心以上に」はこの姿勢を表します。

職場でのコミュニケーションは、一方的な指示・伝達になったり、議論になることもあるでしょう。忙しいときや議論が目的のときは、それもOK。けれど1対1でちゃんと向き合うときは、自分の関心以上に、仲間の関心を大切にしてください。それが共同体感覚の実践です。

共同体感覚と社会的関心、どっちも大事

中期には所属の感覚、晩年は社会的関心と表現したアドラー。社会的関心はより実践的意味合いが強い。

Community Feeling 共同体感覚

「仲間の一員」「居場所がある」と感じられることが大切

ゲマインシャフト（共同体）の一員という感覚。このドイツ語を英語に訳したのがコミュニティフィーリング。共同体の一員として居場所があると感じられることを表す。

Social Interest 社会的関心

相手が尊敬・信頼を感じられる、「共同体感覚」の実践を

共感ベースの感情的な結びつき。仲間の関心にどれだけ関心をもち、協力的にかかわれるかという実践に重きが置かれる。好きな相手にだけ関心を向けるのではなく、全員に向けることが大事。

自分の考えはいったん脇に置き、傾聴する

私的論理でメンバーの価値をジャッジしない

「あいつは仕事ができない」の中身は何？

「あの人は仕事ができる」「あいつは全然できない」などのものの見かたは、上司から部下への評価にかぎりません。同僚間でもよく話題になるほど、多くの人がこのような視点で他者を評価しています。居酒屋で聞こえるビジネスマンの愚痴の何割かは、こんな話かもしれません。

でも、「できる」「できない」の中身を見ていくと、一枚岩ではない様子。ハキハキして外交的な人、コミュニケーション上手な人を「できる」と評価する人もいます。実務の速さ、正確さを評価する人もいれば、「発想力がなければこれからは生き残れない！」と豪語する人も。どれも私的論理によるもので、コモンセンスとはいえないようです。

「何でこんなにできないの」とチームメンバーに腹がたったら、もしかして私的論理かもと疑ってみてください。

チーム全体で、共通感覚を築いていこう

新卒採用一辺倒の時代は終わろうとしています。経歴、国籍、年齢含め、多様なバックグラウンドをもつ人で協業するのが、これからの企業です。そのぶん、1人1人が多様な私的論理をもっています。コモンセンスは「100人のうち90人がそう感じるだろう」くらいの共通感覚ですから、人材が多様になるほど見えにくいもの。5人、10人のチームでも、9割が同意する価値観を見出すのは大変です。9割が従来のメンバーという場合も、新たなメンバーに自分たちの価値観を押しつけるだけでは不十分でしょう。

企業としての価値基準もふまえ、それぞれの考えを伝えあいながら、醸成していくしかありません。そのときの基準は、「勇気を与える価値観かどうか」。これがチームパフォーマンスを高めるための最優先基準です。

「彼らなら任せられる」という、無条件の信頼で

信頼したうえで、共通の課題として進めていく

チームで協業するとき、通常は役割が決まっています。とはいえ、きれいな線引きはできませんし、業務の重なり具合はより複雑化しています。コミュニケーションをとりながら分担していく部分も残されています。

ここで試されるのが、メンバーを信頼できているかどうかです。同じプロジェクトにあたるメンバーを信頼できないと、何でも自分でやろうとするかもしれません。人のやりかたを否定し、自分のやりかたを押しつける人もいます。

無条件の信頼は、将来的な意味も含みます。いまできないことがあっても、「この人なら乗り越えられる」と信じることです。「たとえ失敗したとしても、その失敗を乗り越えられる」と信じることも重要です。そのうえで、共通の課題としてとり組んでいきましょう。

相手が誰であろうと、心からの尊敬・信頼を

自分のほうが年上だから、経験があるから上だと思うのは奢り。相手が誰であれ、軽視しないように。

チーム内で立場の上下があるとしても、それは役割の違いにすぎない。誰もが尊敬、信頼に値する。

「自分がいてもしかたない」と思わせない

成果主義のなかで、居場所を見失う人もいる

あなたのチームには、ひっそり勇気をくじかれている人はいませんか？　垂直関係で成り立つチームに多い現象です。立場が上の人、声の大きな人の意見ばかりが尊重され、若手の人や控えめな人の考えが黙殺されることがあります。これが続くと、「自分がいてもしかたない」と感じさせることに。出社がつらくなる人も出てくるでしょう。

実際にうつ病などで休職する人たちも、「自分がダメだから居場所がない」「誰にも必要とされていない」という感覚を強くもっています。その思いを抱えたままでは、リソースを発揮し、成長することはできません。とくに成果主義が徹底した職場では、周囲の目のきびしさに耐えられなくなることも。上の立場の人が、私的論理でメンバーをジャッジする場合も、同様に自尊心を失っていきます。

強みに目を向けて勇気づけを。「何もできてない」は事実じゃないと伝えて。

有能な人、価値観のあう人だけが仲間じゃない

このような人がいるときは、率先して勇気づけを。チームメンバーの皆にその意識があれば理想ですが、強要はできません。変えられるのは自分の行動だけ。それを前提に、その人に対する自分のかかわりを変えていきます。

元気がないなら、まず話を聞くことです。どうして自分が無価値だと感じるのか、思いをていねいに聞いてください。このときも、「自分の関心以上に、相手の関心に関心をもつ」が基本姿勢です。口をはさみ、意見するのは避けましょう。

思いを十分に聞いたうえで、パフォーマンス自体が問題なら、一緒に進めるなどのサポートをします。できていることに目を向けて、言葉にして伝えることも、大切な勇気づけです。できている事実を無視して、「何もできてない」と思い込んでいる人も多いためです。

数字以外の貢献にも、目を向けて

社会における成果主義を、内面化しすぎていない？

企業の目的は利潤追求です。その意味では、売り上げの多寡で業績考課を受けるのは、しかたないことです。強みに注目し、力を引き出すアドラー心理学も、それを否定するものではありません。「人格的に優れてるから、たくさんの給与を」という意味ではなく、強みに注目して力を引き出すのが目的です。

問題は、「稼ぐ社員ほどえらい」という価値基準を、私たちが内面化しすぎることです。このような風土があると、数字が低い人は勇気をくじかれ、「自分は無価値」と感じることに。結果として、リソースを発揮できなくなるんです。

さらに売り上げの背景には、目に見えにくい貢献があります。企業の理屈だけでものを見ず、背景要因やプロセスにも目を向けていきましょう。

人との比較でなく、1人1人のありかたを見る

チームリーダーの立場に立つ人も、数字以外の強みに目を向けてフィードバックしてください。「ちゃんと見ているよ」「感謝しているよ」の言葉は、それだけで勇気づけになります。勇気づけされた部下は、共同体のためにもっと頑張ろうと思うようになります。

業績考課が数値化されている場合は、その変化にも着目します。5段階評価で3だとしても、前年は2だったのなら、進歩はあります。どんな強みを発揮して3になったかを話し合い、共通理解にしましょう。そのうえで、「どうすれば4にできるか」という次の課題を具体的に話し合います。同僚、同期の数値と比較して、「皆はもっとできてる」と圧をかけることは避けてください。勇気をくじかれれば、これ以上の成長は期待できなくなります。

感謝されなくても、共同体への貢献を続ける

「どうして自分ばかり……」と、つらくなることも

アドラー心理学を学んだビジネスパーソンが、最初に陥る罠がこれかもしれません。「共同体のためにいろんなことをやっているのに、誰も感謝してくれない」「感謝どころか、気づいてもくれない」という落胆です。

感謝の言葉は、ほめ言葉と同じく、行動に対する報酬です。共同体感覚は報酬を求めて発揮するものではなく、それ自体が喜びとなるもの。「共同体のためにいいパフォーマンスができた」「自分の居場所で役に立てている」と感じられることに意味があります。

でも大丈夫。私たちは報酬や承認を求めることに慣れすぎているだけです。多くの人が通る道ですから、はずかしく感じることはありません。「まだまだだなあ」と、自分に足りない部分として受け止め、前へと進んでいきましょう。

必要とされるのも、信頼あってこそ。「私ばっかり！」とは思わないで。

全体への貢献と、自分の成長は別々じゃない

全体を広く見て、貢献できることに目を向けると、やれることはいくらでもあります。一方で、自分のことしか見ない人は、少ない仕事だけこなして定時で帰るかもしれません。

ここで不公平さを感じ、憤るようでは、共同体感覚の意味を見失っています。共同体への貢献は、共同体のためであると同時に、自分の成長や喜びのためです。人と比較して非難したり、優越性を人に認めさせることが目的ではありません。

「自分が選んだ」「自分で決めた」という姿勢は、アドラー心理学の実践の肝。損したくないと思うのなら、自己利益にならないことをしない選択肢もあるんです。「アドラー心理学は大変だからいいや」と、あきらめる選択肢もあります。腹をたててしまったら、そのことを思い出してください。

自己受容できないと、勝ち負けにこだわってしまう

勝ち負けにこだわるのは、勇気をくじかれた人

職場にはいろんな人がいますよね。相互尊敬・信頼の精神で働こうとしても、イヤな思いをすることはあります。たとえば、知識や経験をもとにマウンティングしてくる人。「えっ、そんなことも知らないの？」「やばいよそれ」と冷笑されたらどうでしょう。はずかしさや屈辱で、ついムキになってしまうかもしれませんね。

マウンティングは、劣等コンプレックスがある人の典型的なふるまいです。本人は「自信も実力もある」と信じているのでしょう。でも本物の自信があり、自分の価値をありのままに受け入れる人は、他者に誇示する必要などありません。自己受容できていない見掛け倒しの人として、毅然と応じるのが最善です。「そうですか！」「なるほど！」「すごいですね！」を連発していれば、やがてはどこかに行きます。

毅然と対処されると、相手もマウンティングのしがいを感じられない。

自惚れの強い人は、どこかで心が折れる

劣等コンプレックスは、人生の有益でない側面に向かっていることを意味します。高い業績、収入で評価されているうちは、人を見下すことで劣等感から目を背け、頑張り続けるかもしれません。しかし人生は課題の連続です。ひとたび挫折すると、あっというまに心が折れます。家庭にもコミュニティにも居場所がなく、立ち上がれなくなる人もいます。

このような人に必要なのも、勇気づけです。心に余裕があるなら、マウンティングにムキになるのではなく、勇気づけの言葉をかけ続けてみてください。結果として周囲への態度に変化があれば、チーム全体の利益にもなります。

女性に対して上から目線の男性も同じです。勇気をくじかれていたり、私的論理にとらわれて女性を見ています。周囲からの注意は必要ですが、同時に勇気づけも必要です。

人の顔色を気にせず、自分らしくいるために

人からきらわれたくないのは、当たり前

気になりますよね、人の顔色。日本人はとくに、人の顔色を窺うこと、輪を乱さないことを望まれて育ちます。それがライフスタイルの一部である人も多くいます。

承認欲求は誰もがもつものです。人の顔色を気にしつつも、新たなことに挑戦する勇気をもてているなら、何の問題もありません。そのような特性をもつ自分として、自己受容できている状態です。一方で、人が喜ぶかどうかだけが行動基準になっている人は要注意。言いたいこともやりたいことも押し殺しているのなら、勇気をくじかれているサインです。人にきらわれるとどうなるのか、何が起こるのか。自分にとっての意味を考えてみましょう。

この場合に必要なのは、自分への勇気づけです。強みに目を向け、存在そのものを肯定することです。

「きらわれたくないキャラ」として、特性をいかす

人前で話すときなどにキャラとして使うと、共感が得られる。

敏感さや繊細さを、「貢献」のために使う

強みと弱みは表裏一体であることを思い出してください。人の顔色に敏感な特性を、自分らしさとして受け入れ、強みとしていかすこともできます。アドラー流「使用の心理学」の考えかたです。「気配りができる」「観察力に優れる」と捉え直せば、職場でも十分いきるはず。仕事で行き詰まっている人の存在にいち早く気づき、話を聞くこともできるでしょう。これも共同体感覚の発揮です。敏感さが自分にばかり向かなければ、活用法はいくらでもあります。

ちなみにアドラー心理学では、「私いま緊張してて」の表現を、言い訳という形で、失敗したときに自分を守るセーフガーディングの手段と考えます。ただ、これを逆用するのはアリ。「アドラー心理学では、これって言い訳らしいです。笑」と言えば、人の気持ちをつかむのにも使えます。

自分も相手も尊重したコミュニケーションを

承認欲求が強すぎる人は、「本当の気持ちをわかってほしい」という思いを抱えていることも。これを募らせると、他者への怒りとして現れることもあります。「みんな自分のことばかりで、誰も私を気にかけてくれない」「いいように使われている」など、ひと言でいえば逆恨みです。このような怒りがわいたときは、思いを言わなかったのは自分の選択と思い出して。言わずにわかってもらうのは無理です。

断らない選択にも目的があります。「断ったらきらわれるかも」「能力がないと思われるかも」など、多くは自分を守るためです。「寛容な人」「責任感が強い人」という印象を、相手に与える目的もあります。知識がないことについて、「わからない」と言えないのも同じ。自分の評価を守ることが目的でしょう。それに気づくことが第一歩です。

急な依頼にも、アサーティブな表現で対応

忙しいときに急な仕事を依頼されるなど、あらゆる場面で役立つスキル。

非主張的な表現

「わかりました、すぐやります！」
（本当は超イヤ……）

攻撃的な表現

「なんでそんなこと、自分がやらないといけないんですか？」

アサーティブな表現

「いま急ぎの仕事があるので、明日の朝からだったらできます」

断り下手な人は、表現のバリエを増やそう

チームの協業は、思いや考えを伝えないと始まりません。相手の意向に過度にあわせる「非主張的表現」、自分の都合ばかり言い募る「攻撃的表現」ではなく、相手も自分も尊重した「アサーティブな表現」で思いを伝えましょう。

たとえば、急な仕事の依頼があったとします。快諾しておいて、後で恨むようでは相手も困ります。相手も無理強いしたわけではありません。「やります！」と答えた自分の選択です。こんなときも、アサーティブな表現が役立ちます。「今日は急ぎの仕事があるのでできませんが、明日の朝からならできます」など、自分の都合を伝えたうえで、相手の都合にも配慮します。

お酒の誘いなども、アサーティブな表現のバリエーションを増やしておくと、とっさのときに困りません。

職場によくある状況別

アサーティブな表現集

とっさに言葉が出てこないことも多い。よくある状況でのバリエーションを考えておこう。

状況1 上司の指示に疑問を感じる（でも言えない……）

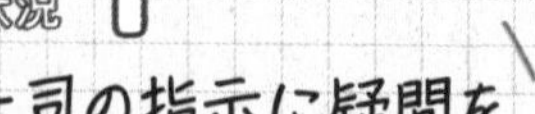

非主張的
そうですよね。おっしゃるとおりです

攻撃的
（ムッとした表情で）……わかりました

アサーティブ
わかりました。進めかたとしては、こういう方法もありそうでしょうか？

急な案件を丸投げしてくるなど、指示そのものに疑問を感じることもある。

状況2 上司から、飲みに行かないかと誘われた

非主張的
はい、ぜひ行きたいです！

攻撃的
勤務時間が終わったら、帰りたいんですけど

アサーティブ
今日はちょっとやることがあるので、21時まででしたら大丈夫です

勤務時間外でもある。自分の都合を伝えて、OKと思う範囲でつきあう。

自分にばかり仕事が降ってきたときは、
状況を周囲に伝えることも大事。

相手の答えに腹がたっても、
怒りをぶつけるのはナシ。
希望として伝える。

皆で目標を共有し、ゴールをめざす

不公平感が強いと、職場がギスギスしていく

チームメンバー間で不満が募っているとき、不公平感が原因というケースはよくあります。「あの人はあれしかやってない」「自分はこんなに抱えてる」など、量的負担の違いがまずあります。ときには質の違いが問題になることも。同レベルの仕事が、人によって通ったり通らなかったり。ひいきと感じる人も出てくるかもしれません。

では、完全に均等に分ければいいのでしょうか？　アドラー心理学ではそうは考えません。真の平等は量的平等ではないからです。人は1人1人異なる強みをもつ、唯一無二の存在です。人としての価値は同じ。そのため各自が果たせる社会的責任の程度に応じ、同じ権利を分配するのが真の平等です。単純な事務作業1つとっても、得意不得意があることを認め、得意な人に多く分配します。

共同体における公平は、数の平等じゃない

数値で見る「平等」

「これで同じような給料なのはおかしい。Aにももっと働かせるべき」

アドラー心理学の「平等」

「AさんにはAさんにできる貢献をしてもらおう」「できない部分は共同の課題としてサポートしていこう」

数的には不公平でも、果たせる責任に応じているなら平等。

個々の違いを認めて、真の平等をめざす

多くの場合は目標設定に透明性がなく、理念が共有されていないために不満が出ます。理念を説明・共有することが、円滑なチームワークの前提です。チーム全体の目標数字、各自が担う数字、両方をオープンにしましょう。一方的に押しつけずに各自と話し、共通の目標にすることも大切です。

現状の目標値が少ない人には、少しずつでも皆と同じに近づけられるよう、足りない部分をサポートしていきます。

質の違いに関する不満は、質の基準を統一することで解消します。「AさんはこれでOKと言った」「Bさんはこれではダメと言った」などのバラつきは、若手社員を困惑させます。また、経験の浅い若手だからと、基準値を下げるのも危険。対外的な信用を失いかねません。誰が担当であれ、同じ基準で評価するのが理想です。

不公平感は、
自分への勇気づけで
乗り越える

「かわいそうな私、悪いあの人」に陥っていない？

責任に応じた分担をしているにもかかわらず、いつまでも不満を言う人がいます。成果が出ないことを、チームの上役やメンバーのせいにする人も。言いやすい人にばかり言う傾向もあり、愚痴を聞かされる側も困ります。「それより手を動かしては」と思う人もいるでしょう。

これはアドラー心理学における、「かわいそうな私、悪いあの人」の状態。アドラー心理学の日本での普及に早期から尽力してきた野田俊作氏の言葉です。うまくいかないことがあると、すぐに「誰の責任か」と犯人探しをし、自分を被害者に仕立てる。人生の有益な側面に向かっているとは、とてもいえませんね。

原因が何であれ、自分にできることがあるはずだ――そのように考えるのが、有益な方向に向かう人の態度です。

困難な状況に陥ったときは、長期的目標を思い出して

悲惨な状況であっても、自分はどうしたいか、何ができるかを考える。

かわいそうな私

被害者意識を強めたり、自分を責めたり、運の悪さを嘆いたりする

悪いあの人

「誰のせいでこんなことに」と悪者探しをして、他者を責める

勇気

勇気

建設的な方向で、「自分に何ができるか」を考える

自分はどうしたいか、どうありたいかを問い直す

どれほど困難な状況でも、自分にできることは必ずあります。自分はどうしたいか、どうありたいかを考えましょう。不満を言って課題から逃げ続けるのか。自分にできることを考えて克服していくのか。選択する主体はつねに自分です。

共同体のためにどんな人間でありたいかという視点も重要です。共同体への貢献に意味を見出せるかは、問題が起きたときにこそ問われるかもしれません。

アドラー心理学が一貫して求めるのは、自分の人生を引き受ける姿勢です。きびしい面もありますが、実践を重ねることでたしかな成長を感じられます。ただしブラック企業など、組織そのものに問題がある場合は別。単純な自己責任論とは異なることも覚えておいてください。

ミーティングも対等に。心理的安全を守る

声の大きな人が、流れをつくっていない？

業務分担がどんなに明確でも、チームで目標が共有されていなければ成果が上がりません。各業務の重要度や優先順位、位置づけ、整合性のとりかたがわからないからです。

形だけでなく、全体の目標と方向性が明確になるミーティングをめざしましょう。ここでも基本となるのは、水平関係。ほかの人へのダメ出しは禁物です。「ここでは何を言っても否定されない」という、場の安全を確保するためです。そのうえで、全員の納得、合意が得られるように進めます。

自分から意見を言えない人、人の顔色がどうしても気になる人もいます。その場合は、事前のテーマ出しでリーダーに意見を送っておいてもらう方法もあります。このような配慮があっても意見を言えないなら、それは本人の課題です。後で文句を言うのはナシという前提も、全員に伝えておきます。

個人の意思にゆだねず、安全な場の「構造」をつくる

立場が上の人、意見が明確な人ばかり発言するようでは、わざわざ場を設ける意味がない。

全員が安心して意見を言える場としたいので、否定はナシでお願いします

ミーティング後に、「本当は納得できてない」というのもナシです

場面設定

進行役はリーダーでなくてもいい。まず場の設定を全員に説明する。

進行の工夫

ダメ出しがあれば、「ごめんなさい、それはナシで」とやんわり静止。
先にテーマを送って、考えてきてもらう
誰かの発言中は口をはさまない
誰かがダメ出ししたら、進行役が静止
とくに意見がなければ「パス」もありにする

自分のタスクとチームのバランスを考えて動く

自分のタスクが完璧にできているなら、まずはOK

どの業界も構造や職務形態が変化してきています。営業などでも、1人1人のスタンドプレーでよかったのは、過去のこと。いまや、1人で担える業務のほうが少数です。たまたま配属されたチームに自分がいるのではなく、「チームがあって自分がいる」と考えることが大切です。これが共同体感覚の基本的な構えです。

まずは自分のタスクをきちんとこなすことが大事。それが終わったらすみやかに帰っていいんです。周囲の顔色が気になり、いらぬ残業をするほうが問題です。

一方で、チーム内の役割を果たすうちに、「役に立てている」「居場所がある」という感覚が強まります。「もっと貢献したい」という気持ちも出てくるでしょう。この段階で、より大きな共同体感覚を発揮できると理想的です。

「イヤです」と言われたら、逆方向でアプローチ

自分の仕事は終わってるので帰ります
それはトラブった人の問題ですし
あ、わかったよ。イヤだっていう思いをちゃんと言ってくれてありがとう!

批判ではなく感謝を。意外な反応に、本人の応答が変わってくる可能性もある。

困っている人がいたら、まずひと声かけて

もう一歩進んだアクションとしては、周囲が困っているときに言葉をかけること。自分のタスクが終わっているなら、「何かできることありますか?」「よかったらやりますよ」とひと声かけてください。

仕事が終わらないのは本人の問題、と感じる人もいるでしょう。これは人の強みでなく、弱みに注目した見かたです。「自分は優秀。他者は無能」という優越コンプレックスの表れのことも。他者の強み、自分の強みをそれぞれいかして、できることを一緒にやるのが共同体感覚です。

なかには周囲への協力を拒む人もいます。批判は承知のうえでの発言ですから、責めないで。手伝いや残業を断られた場合も、「イヤだと言ってくれてありがとう」と応じ、本人の意思を尊重してください。

共同体感覚の低い人に、ダメ出ししない

アドラー心理学の目的は、他者の変容ではない

共同体感覚の発揮は、共同体のためであり、自分のためです。いざ実践しようとすると、ここでつまずくこともあります。共同体感覚が低く、利己的なふるまいやダメ出しをする人に腹をたててしまうんです。

アドラー心理学がめざすのは、社会と自分の調和がとれた状態。周囲を思いどおりに変えることでも、アドレリアン（アドラー心理学を学び、体現する人）にすることでもありません。学んだことを自分の人生でどれだけ実践し、体現できるかに集中しましょう。

ただ、自分1人でも共同体感覚を発揮していれば、状況はおのずと変わります。自分の勇気（火）を灯したまま、ほかの人のろうそくに火を灯す。コツコツと勇気づけし続けることで、勇気づけの連鎖が広がっていきます。

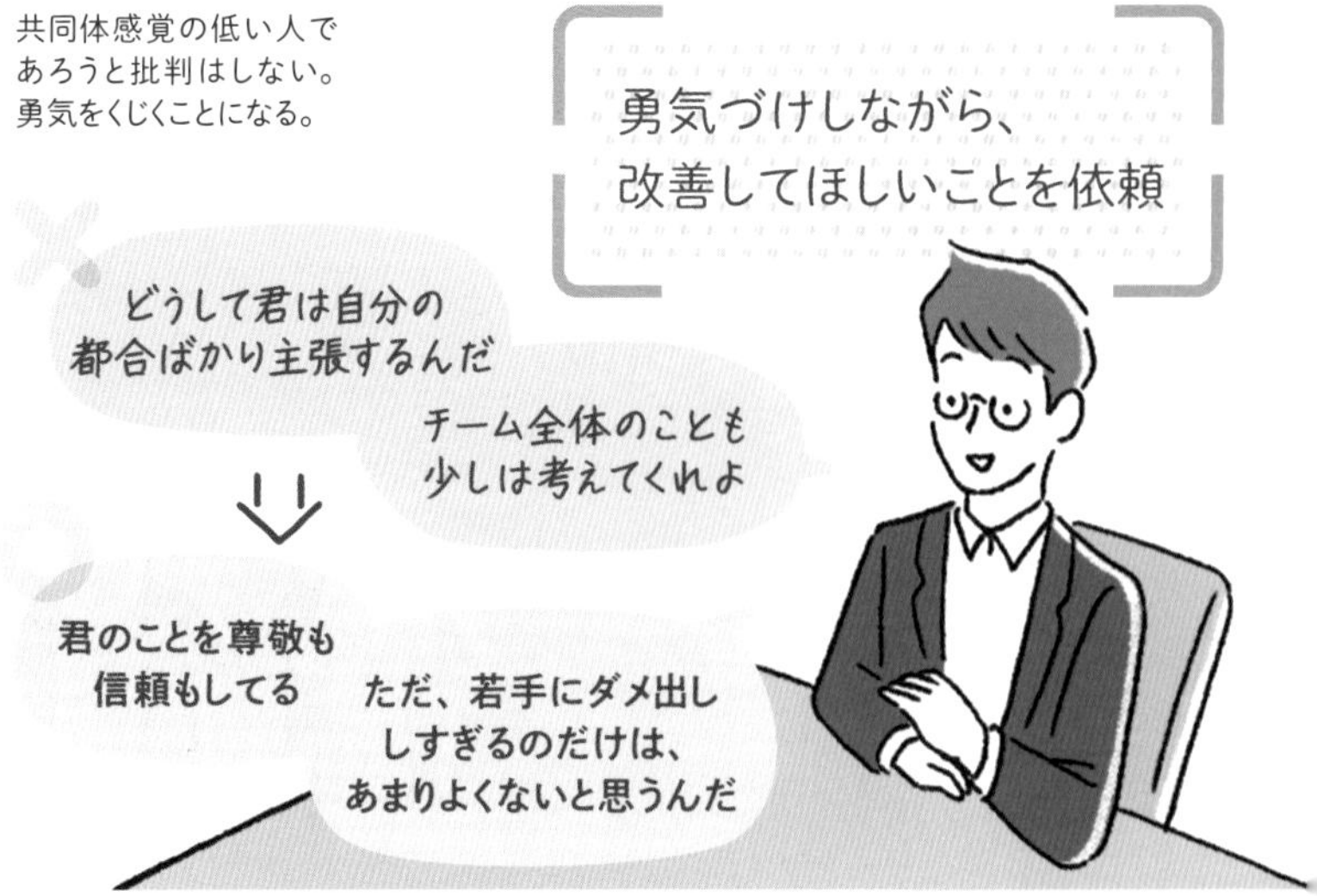

変えてほしい行動だけを、具体的に伝えてみる

利己的にふるまうメンバーに対しては、何が問題かを明確に考えて対処します。大きなプロジェクトを前に、皆が残業しているのに手伝わない。自分の進めかたですべて押し通す。若手のチームメンバーにダメ出しをする。考えられることはいろいろあります。それをどのように変えてほしいか明確にし、本人と話し合って依頼します。

間違っても、「そのくらいわかれよ！」とは思わないで。言わなければ伝わらないのが、チーム協業の前提です。

話し合いでも、「あなたを尊敬、信頼してる」という姿勢を示し続け、勇気づけしてください。そのうえで、見直してほしい行動を具体的に伝えます。指示・命令ではなく、自分からのお願い事項として伝えるのがポイント。強制ではなく、自己決定として引き受けてもらうためです。

ほかのチームへの敬意も、大事な共同体感覚

部署間のライバル意識は、何のため？

もう少し大きな単位で、協業について見てみましょう。

会社には多くの部署、チームがあります。自分のチームの結束力は高いけれど、部署間、チーム間がギスギスしている職場もあるのでは？　原因はチーム間の優越コンプレックスかもしれません。自分たちの価値をありのままに認めていれば、ほかのチームを非難する必要はないからです。

一方で、会社全体の予算はかぎられています。そのとりあいやチームの存続のために、優位性を主張したくなるのもしかたないこと。上層部が、部署やチームごとの業績を比較評価している以上、アピールも必要でしょう。

大切なのは、たがいにそのような状況下で働き、それぞれの価値に向かって努力していることへの敬意です。自分たちだけが正しいと思わないことが、改善のための道です。

ライバル意識が強いと、いい視点を学べない

目先の売上
だけじゃ、先が
ないでしょ

新たなニーズを
つくり出さないと!

相手側を非難するばかりでは、共同体としての成長、発展はむずかしい。

「他者の関心に関心を」の精神でかかわる

まずは自分から尊敬、信頼の気持ちをもって近づいてみましょう。同期や親しい人がいるなら、そこからつながりを広げる方法もあります。そのなかで、相手側の関心に目を向けてみてください。どんな価値観で、何を目的に働いているかが見えてきます。自分の考えを脇に置いて聞けば、相手側の意見も間違いではなく、それぞれに理があるとわかります。自分たちの仕事のヒントになる部分もあります。

協業の機会を設けられるとより理想的です。自分たちとは違う属性の人たちと、同じ目標に向かって協業すると、敵対的な見かたがなくなります。心理学的知見としても実証されている「接触仮説」です。ポイントはただ仲よくするのではなく、顔をあわせて協業すること。上の立場に立つ人は、このような機会を積極的につくってみてください。

判断に悩んだら、大きな共同体を意識して

組織だけでなく、社会への利益を考える

仕事をしていると、組織や上司の判断に疑問を抱くこともあります。利益だけを追求し、顧客に対して不誠実な営業・販促スタイルは、その典型です。取引先への説明で嘘をつく、都合の悪い面をごまかすなどの指示を受けることもあるかもしれません。

立場が上になると、部下をどこまで守れるかも問題に。たとえば大きな損失やトラブルで、上層部に責任を追及されたとき。部下を守ろうと全力を尽くす人もいれば、部下の責任として身を守る人もいます。いわゆる保身です。

このような状況に置かれたときも、共同体感覚を基準に考えましょう。ポイントはより大きな共同体を意識すること。企業利益以上に、顧客の利益、社会全体の利益になるか、社会のモラルに反していないかという視点です。

悩んだときはメリットとデメリットを比較して検討。最後は自分の決断として引き受ける。

部下を守るか自分を守るか。決断のリスクを引き受ける

メリット　部下の信頼が得られる
デメリット　会社での自分の評価が落ちる

自分を守る

メリット　立場も生活も維持できる
デメリット　部下の信頼を失う。罪悪感が残る

両者を比較検討し、引き受ける覚悟を

「本当はどうしたい?」と、自分に問い直す

部下を守るか、自分を守るかの問題では、自分がどう生きたいかが大きな基準です。部下を守れば、上層部の信頼は落ちるかもしれません。一方で、部下たちからは長期的な信頼が得られるでしょう。「そうは言っても、俺の生活がかかってる」という場合は部下の責任にして、自分を守るという選択もアリです。このようにメリットとデメリットを比較し、決断を下します。「どんな社会を望むか」という大きな視点がヒントになることもあります。

大切なのは、行動の結末を自分で引き受ける覚悟です。結論を出した後、「本当はどうしたい?」ともう一度自問してみるのもいいでしょう。カウンセリングでも使われる手法です。「本当は部下との信頼関係を大事にしたい」という思いに気づき、後悔のない選択ができるかもしれません。

\ 教えてアドラー先生！ /

Q1

きらいな同僚とも、仲よくやれないとダメですか？

A1

共同体感覚は必要。でも、仲のよさとは別物です

きらいな同僚と仲よくなれなくても、アドラー心理学的には何の問題もありません。ただ、同じ共同体のメンバーとして仕事するからには、共同体感覚は必要です。友人にならなくていいので、仕事で協調しあえる程度の良好な関係をめざします。協調しあううちに好意がもてるようになれば、それも素敵なことです。

「あの人きらい」と感じるときに、何が問題か考えてみるのもいいでしょう。仕事の価値観、やりかたがあわないのなら、協調のためにも自分からコミュニケーションをとってみて。相手の関心に関心をもつことで、誤解が解けたり、解決法が見つかるかもしれません。

個人的に苦手な誰かに似ていたり、じつは同族嫌悪というケースもあります。こうした理由に気づけると、自己理解も他者理解も深まります。きらいな人が現れたら、「おっ、これは新たな課題か！」と、面白がって考えてみてもいいでしょう。

Q2

自分が変わっても、皆が変わらなければ同じでは?

A2

他人が変わらなくても、あなたの変化には意味があります

恋人でも友人でも、家族でもかまいません。親しい相手を変えようとして、状況がよけい悪化したことはありませんか? 自分を変えようとする他者の意図に、人はどこまでも抵抗します。「死んでも変わるか!」くらいの勢いを見せる人もいます。

その意味でも、他者を変えることを目的にしないでください。変えられるのはつねに自分だけです。自分自身が共同体感覚を発揮し、他者を勇気づけられる人になる。勇気をもって挑戦できたこと、望む自分に一歩近づけたことに、喜びを見出しましょう。

一方で、人は対人関係のなかで態度や行動を決めています(→P64)。これまでと違う態度で、違う言葉をかけ続ければ、周囲の反応も変わるもの。最初は「何かあった?」程度の反応でも、一貫して続ければ、周囲への勇気づけとなります。組織や職場の人を変える方法があるとしたら、やはり自分が変わることです。

Q3
“自分でやったほうが早い”と、つい思ってしまいます

A3
それは当たり前ですね〜。でも10年後、20年後を考えて

メンバーを信頼して任せようと思うとき、もっとも支障になるのがこの考えでしょう。「任せる」という言葉から考えても、こちらは経験豊富なはず。早く正確にできて当たり前です。しかも自分が適切と考えるやりかたで進めるので、注文もいりません。自分のいちばん優秀な部下は自分に決まっています。

けれどこの考えで仕事をしていては、共同体への将来的な貢献ができません。そのためどの企業でも、部下育成が重要な業務と捉えられています。

自分より遅いのは当然と考えて、それでも人に任せましょう。

やりかたに関しても、自分の好みレベルのことを押しつけないように。チームの共通基準さえ守られていれば、何の問題もありません。自分と同じ人間を育てるのはムリですし、すべての面で自分と同じにしようとするのでは、新たな人材を採用した意味もありませんね。多様性を尊重し、相手の考えに耳を傾けながら、やりかたの統一をはかりましょう。

Part

4

交友関係と愛も、人生の大事なタスク

よりよい人間関係を築く

「仕事だけが人生じゃないのは、わかってるけど……」

そんな思いを抱えたビジネスパーソンも少なくないのでは?

「交友のタスク」「愛のタスク」でも、

アドラーは多くの指南を残しています。

少しでも達成して幸せに近づくために、実践的な知恵を学びましょう!

人生の意味、どれだけ感じられている？

Check!

チェックが多いほど、仲間の存在や愛を感じられているはず。仕事以外の価値も、いまから変えられます。

仕事
部下やチームのメンバーを勇気づけられている
たがいに信頼・尊敬しあえる関係を築けている
居場所や役割があり、貢献できていると感じる
長期的目標に向かい、成長していると感じられる

交友
たがいに関心を
もち、思いや意見を
話せる仲間が
いる
仲間と協力しあい、
助け合うことが
できている
仕事以外でも、
自分の居場所が
あると感じられる
愛
パートナーや
家族とのあいだで、
信頼・尊敬を
もち続けられて
いる
惹かれる
相手がいるときに、
恐れずアプローチ
できる
男女の性役割に
ついて話し、
対等な関係を
築けている

人生には、3つのライフタスクがある

「仕事」「交友」「愛」は、人類に共通の課題

愛が大事といわれて、どんなイメージをもちますか？

文学でも映画でも、愛は特別な感情として扱われますね。そこでは自分の情動を抑えられなくなる、情熱的な愛に価値が置かれます。そこに嫉妬などのスパイス、状況的な阻害要因があれば、より本物の愛らしくなります。

一方で、アドラーの考える愛は少し違います。人生の目的のための感情であり、関係性であると考えます。大切なのは自分のすべてを与え、相手に貢献・協力すること。パートナーは仲間と別種の存在ではなく、よき友人でありながら、より親密で満ち足りた関係を築ける相手です。

そのような前提で、アドラーは「仕事」「交友」「愛」を人類のタスクと考えました。３つはたがいに関係しあい、生きているかぎり、誰もが避けて通れない課題です。

3つのタスクは「距離」の違い。どれも密接に結びつく

「コミューナル・タイ（コミュニティを結ぶもの）」ともよばれ、人類の存続と繁栄につながる。

遠い

近い

対人関係の距離

仕事のタスク

職業の選択
職業の準備
満足
リーダーシップ
レジャー
社会や職業上の問題

もっともとり組みやすく、協力、適応を学ぶのに最適

職場の対人関係は距離が遠いぶん、共同体感覚を高めるために適した課題。職務そのものも共同体感覚への貢献に。

交友のタスク

所属
交流

コミュニティのなかで他者と友好な関係を築く

親友から、広い意味での仲間まで含む。相手の関心に関心をもつ姿勢を学ぶことができ、これができないと愛も困難。

愛のタスク

男女関係

性役割の定義
性役割の同一性
性的発達
性的行動

家族関係

夫婦関係
親子関係
きょうだい

「仕事」「交友」を土台に親密な関係を深める

身近な関係だから、傷つけていいわけではない。貢献や協力、尊敬・信頼が大事。パートナー間では左のような具体的な課題もある。

ライフタスクの達成度、現状でどのくらい？

幸せは、どこからも降ってこない

私たちは皆、課題を克服し、成長する過程にいます。3つのタスクについて問われ、「どれも達成済み。ほぼ理想的」なんて人がいたら、疑ったほうがいいでしょう。たいていはただの虚栄心か、課題への誤解です。

3つのタスクは人生の重要な課題であり、どれかが欠けたままでは幸せになれません。ただ重要度は人によって違います。まずはそれぞれのタスクについて、左上のように理想の数値と現状の数値を考えてみましょう。

作業はシンプルですが、いまの人生とまっすぐ向き合うのは、精神的にしんどい作業。でも、現状から目をそらし続けたまま、幸せが突然降ってくることはありません。認めて、受け入れて、努力する。不完全である勇気をもつことが第一歩です。

望むこと、できることを具体的にしていく

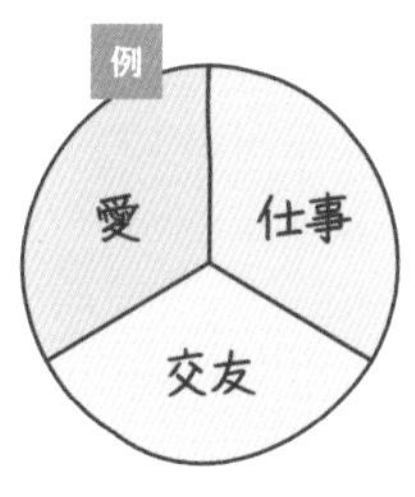

目標が100%だと、道のりがあまりに遠いかも。現実的に考えることも大切。

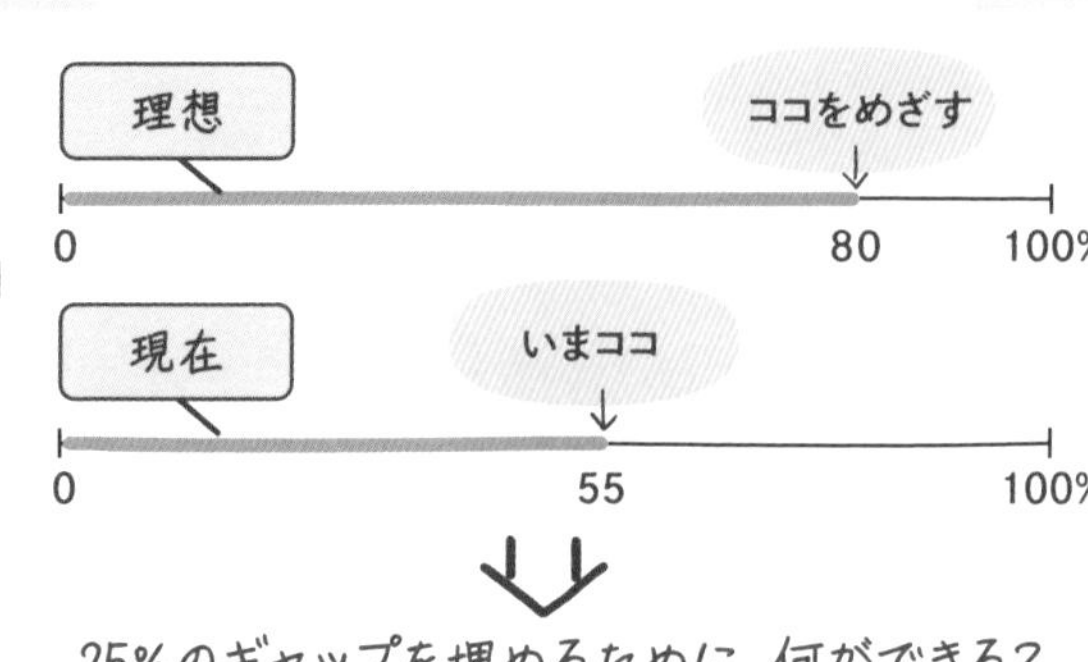

25%のギャップを埋めるために、何ができる？

自分の価値を、いつまで低く見続ける？

数値化した後は、ギャップを埋めるために何ができるか考えます。たとえば、友だちや仲間がほしい場合。まずは共通の趣味をもつ人たちが集まる場所に行ってみる。雰囲気に慣れたら、2回目は近くにいる人に話しかける。こんなふうに具体化していくことが大事です。

愛のタスクも同じです。出会いがないと嘆く人は多いものの、人はそこらじゅうにいます。出会おうとする勇気をもてなかったり、「どうせ相手にされない」と、自分で勇気くじきをしているのかもしれません。

愛のタスクがむずかしいなら、交友のタスクに戻ったり、交友から仕事のタスクに戻る方法もあります。少し距離のある関係で、相互尊敬・信頼の関係を築けるようにトレーニングを積むイメージです。

「人生の輪」で見ていくと、足りない部分がよくわかる！

課題をより具体的に見ていく方法も。
いまの充実・満足度を
0～10点で採点。

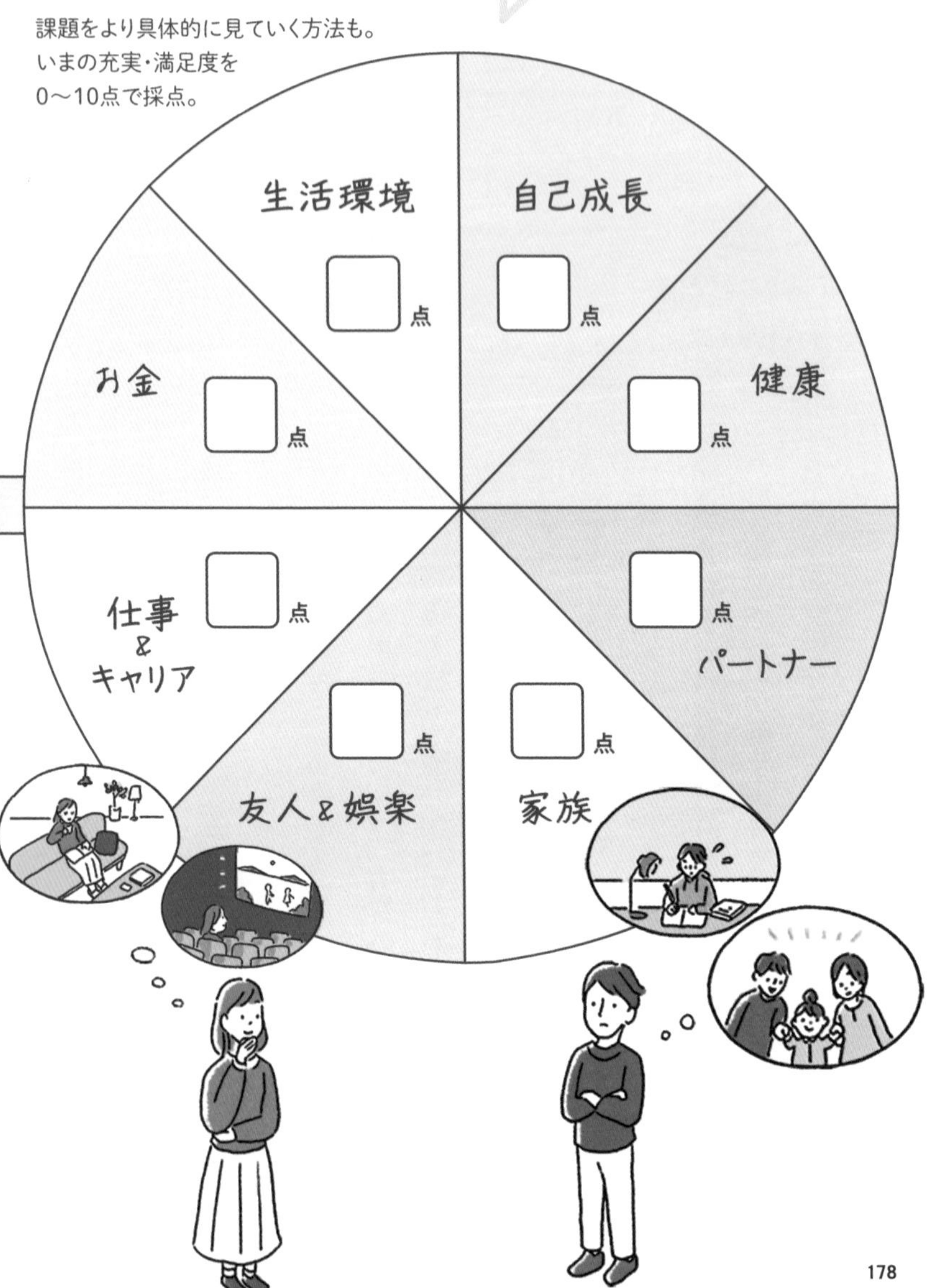

各領域の課題とできることを書いてみよう

何が課題となっているか、どうすれば点数が上がりそうかを空欄に書き込もう。できることは具体的に!

生活環境

課題

できること

自己成長

課題

できること

お金

課題

できること

健康

課題

できること

仕事&キャリア

課題

できること

パートナー

課題

できること

友人&娯楽

課題

できること

家族

課題

できること

仕事以外でも、一歩踏み出す勇気をもとう

「As if」思考で、言い訳ばかりしていない？

3つのタスクのうち仕事の達成度が高く、ほかが低い人もいたのではないでしょうか。現代社会はハイパフォーマーを求めています。仕事ができれば社会的に評価され、孤独に向き合わずにすむかもしれません。ただ、仕事がうまくいかなくなると、自分の価値を感じられず苦しむことに。やはり居場所は必要です。

人は自分の主観でものを見て、自分がつくり上げたストーリーを生きています。アドラーによる「As if（まるで～のように）」の原理です。なかには「俺は仕事人間だからいい」と自称する人もいますが、仕事人間を自称すれば、人にフレンドリーに接する機会も減り、孤立は深まるでしょう。ストーリーは自分自身の手でいつでも書き換えられることを覚えておいてください。

仕事は大事。でも逃げ道にしないで
いいんだよ
オレは
結婚とか正直、
めんどくさいし
そっかー
「仕事が大事。愛なんて別
にいい」という態度が、
愛を遠ざけているのかも。

プライドを捨て去れば、可能性はもっと広がる！

時代が変化したとはいえ、男性にはいまも男性らしさの呪縛があります。そのためこのような傾向は、男性により強く見られます。たとえば趣味の集まりに出かけたものの、自分の知識ばかり披露し、人の話を聞かない。若い人と水平関係で接することができず、上から目線で接する。これでは交友のタスクは達成できませんね。

趣味に手を出すことを拒む人もいます。うまくできずに恥をかくのを恐れているのかもしれません。でも、趣味は勝ち負けではなく楽しむもの。それに新たに始める趣味には伸びしろしかないんです。努力すれば確実に成長します。

仕事以外で人とつながったり、趣味などで充実感、満足感を得られると、それだけで人生が充実します。プライベートの充実は、仕事にもいい影響をもたらしてくれます。

やってみたいことと、できない理由を考える

やりがいや生きがいは、居場所と直結している

心から夢中になれることがあれば、人との協力はむずかしくありません。居場所もおのずとできます。何もないという人は、やりたいことをまず考えてみて（↓P184）。そのうえで、現状でできていない理由を考えます。

行動できない理由は、自分を守ろうとする心の働きにあります。アドラーは、人は3つの脅威から自分を守っていると考えました。1つめは身体的脅威で、ケガや病気など。2つめは社会的脅威。人からの軽蔑、非難、嘲笑です。そして3つめが自尊心の喪失。私たちが新たな挑戦を恐れるとき、妨げとなるのは2つめと3つめでしょう。

そこから目をそらす手段が、左のセーフガーディングです。何がライフタスクの達成を妨げているのかに気づき、克服するためのヒントとなります。

新たな挑戦を妨げるのは、6つのセーフガーディング

人生の大事な舞台での挑戦を妨げるという意味で、アドラーはこれを「脇舞台」とよんだ。

Ⅰ 症状

頭痛などの身体症状、強い不安などが、行動回避という目的のために生じる。

Ⅱ 言い訳

「～でさえあれば」話法で、行動回避を合理化。できない理由を次々にあげる。

Ⅲ 攻撃性

親密な人間関係を恐れるときなどに、相手を軽視・非難して、価値を貶める。

Ⅳ 距離をとること

現実を見ないようにする、時間を稼ぐ、ためらい続けて結局何もしないなど。

Ⅴ 不安

不安や恐怖といった感情も、課題への挑戦の免除のためにつくり出される。

Ⅵ 排除傾向

かたくなな態度で、挑戦したい行動や、自分とあわない人を人生から排除する。

「いつかやってみたい」を現実の目標に

いつかではなく、いま挑戦しよう。とくに浮かばない人は下記の質問がヒントに。

もし、何でもやっていいし何でもできるとしたら、何をしますか？
お金も時間もエネルギーも、必要なものはすべてあるとして考えてみてください
どんなことがやれたら、自分の人生や生活が充実したり、楽しくなりそうですか？

何でもできる状況と仮定し、自分の未来に制限を設けるのをやめる。心理療法でも使われる手法。

書いてみよう

やってみたいこと

最初のアクション

（日時も含め、できるだけ具体的に）

浮かばない人は、
別の視点で考えてみよう
試してみたい、挑戦してみたいことは？
おもしろそうだな、楽しそうだなと思うことは？
飽きることなく、時間を忘れてやってしまうことは？
つい研究しちゃうこと、いろんなアイディアがわいてくることは？
得意じゃないのに、なぜか続いているものは？
自分の一部のように感じるもの、これなしには生きていけないと思うものは？
やってもやっても、「まだまだ」と思うものは？
それについて聞かれると、つい饒舌になるテーマは？
いちばんお金をかけていることは？
やらないと、死んだときに後悔しそうなことは？

やりがい、生きがいと聞かれると困る人も、このような視点なら何か浮かぶかも。

「やりたいことがない」という人も、何かあるはず！

自分の価値に気づけば、恋人もできる

孤独の原因は、自分への「勇気くじき」

勇気を出したところで、恋人なんかできないと信じる人もいます。その極端な例が、男性が恋愛において自分を負け組に位置づけ、原因は女性側にあると考える「インセル」かもしれません。日本では自虐的な意味を込めて、「非モテ」を自認する人も見られます。

アドラーは異性へのアプローチにおいて、人の勇気、協力的な姿勢が試されると考えていました。「相手は自分をどう思うだろう」「相手にされないかも」とばかり考えていると、接近のチャンスは永遠にやってきません。協力にもとづく親密な関係も望めませんね。

自分自身へのダメ出しをやめれば、勇気をもって人に近づけます。「非モテ」という生きかたも、自分自身がつくり上げたストーリーにすぎないと気づけるでしょう。

自分をダメ出しを続けても、事態はよくならない
自分を好きになる女性なんていない
自分の価値をスペックで測って貶めているかぎり、異性に好かれるチャンスは来ない。
収入も低いし仕事もさえないし……
どうせ女はイケメンが好きなんでしょ
POTATO
BEER

人の価値を属性で決めるのは、社会の問題

アドラーは人生を自分の選択として引き受ける姿勢を求めます。これは自己責任論とは別。社会に問題がある場合は、社会を変える努力も必要と考えていました。

収入・学歴が低いから、容姿が魅力的でないからと自分を否定するのは、勇気をくじかれた個人の問題です。一方で収入や学歴が低い人が無価値とみなされるような社会は、偏見・差別に満ちた問題のある社会です。

ＬＧＢＴＱ＋の人々への偏見・差別も、社会の問題として当然変えていくべき課題です。アドラーの時代には性的倒錯と扱われていましたが、現代のコモンセンスにもとづく見直しは必要。そのうえで、あらゆる性自認、性的指向の人々が、自分で選んだ人生として引き受け、勇気と自信をもって生きていけるのが理想です。

親密な関係を築くには、まず行動ありき

行動実験と思って、興味ある人に近づいてみよう

恋人であれ友人であれ、出会いは必ずあります。興味のある人がいるなら話しかけ、より深く知り合う機会をつくりましょう。つい先延ばしにしてしまう人、人間関係への不安が強い人は、左のように計画を立てて実行してみて。認知行動療法という心理療法でおこなわれる方法で、不安に感じる行動を後押ししてくれます。

行動実験の役割もあり、結果として相手にされなくても、失うものは何もないと気づけます。誘ってみて断られたところで、世界は何も変わりません。また気になる人を探して誘えばいいだけです。

異性関係の場合、もちろん女性から誘っても。アドラーも、「時代的にはまだ男性からの誘いが主流だが、女性からの誘いも当然アリ」と、1世紀以上も前に述べています。

どんな結果になろうと、確実に前進できる！

交友や愛のタスクを求めるなら、自分から動き、相手に関心を示すこと。どんな結果も学びになる。

本当はどうしたいか自分に問いかけ、一歩踏み出す勇気を出して。

本当はどうしたい？

どんな自分になりたい？

恋人がほしい

会社以外の居場所をつくりたい

アクションプランを立てる

アクションプラン	結果の予測	結果
今日の20時。 セミナーで知り合い、 素敵だなと 思っている女性に 話しかけ、 食事に誘う	1.「すみません、ちょっと予定が……」と断られる 2.「え？」みたいな顔で、相手にされない 3.「今日はダメですけど、また今度」と言われる 4.「いいですね、行きましょう！」と言ってくれる	行動後に記入

行動の内容、日時を決めてしまい、予想される結果も記入しておく。

望む結果が得られた

相手が応じてくれたら、たがいを知り合いながら関係を深めていく。

望む結果が得られなかった

断られても何も起こらない。恥の感情をつくっているのは自分自身。

攻撃的な言動が、人間関係の妨げになっていない？

関係を悪くする言動が、つい癖になっている人も

人と知り合う機会があり、食事やお酒の席に行くこともあるのに、そこから先が深まらないこともありますね。人間関係を妨げる大きな要因として、アドラーは「攻撃的・積極的な性格特性」「非積極的・消極的な性格特性」の2つをあげています。まずは前者を見てみましょう。

攻撃的・積極的な人は、人と話すことを恐れません。しかし垂直関係で人とかかわる癖がついていることも。認められたい気持ちから相手の発言を批判し、「自分が正しく、相手は正しくない」という方向に、話をもっていこうとします。相手の身になればわかりますが、自分の話に共感も関心も示さない人と一緒にいたいとは思いませんね。ほかにも左のような特性があり、心あたりがある人は、課題として少しずつ変えていってください。

アドラーが考える、攻撃的な人の5つの特性

性格のよしあしと考えないで。誰にでもこんな特性があると理解し、共同体感覚で乗り越えよう。

嫉妬

例

そんなことやってないで、ちゃんとした仕事つけよ

本当はやりたいことを相手がやっているときなどに生まれやすい。

虚栄心

例

オレもこのあいだでかい案件でさ……

相手より優れていることを示そうとする。親切という形で表れることも。

嫉み

例

やりがいとかより、ぶっちゃけ金でしょ

強い劣等感から生じる。相手が大切にする価値を否定しようとすることも。

ケチ

例

それって、オレには何の得もなくない？

金銭とはかぎらない。他者を喜ばせる気がなく、献身的になれない。

憎悪

例

オレ、そもそも人ぎらいだからさ

共同体感覚の不足から、相手を傷つけたり、批判や拒絶をあらわにする。

消極的すぎるのも、「交友」「愛」の妨げになる

人と距離をとることで、自分を守っているのかも

消極的な人は一般に、やさしく繊細な人と思われています。しかしアドラーは、攻撃性の別の表現形態と考えました。消極的な人は他者に害を与えませんが、人との結びつきを避け、共同作業を拒みます。結果として、孤独や孤立に苦しむことになります。

典型的なのが引っ込み思案で、他人との距離のとりかたの問題です。孤立は虚栄心と表裏一体。人より優れた存在と自惚れ、孤立という手段で、自分を特別に見せようとしているのかも。いわゆるこじらせ系ですね。

食事やお酒の席に自分から来ているのに、なんだか近寄りがたいと感じさせることもあります。左の項目であてはまるものがあれば、自分は何を守ろうとしているのか考え、課題として向き合ってみましょう。

アドラーが考える、消極的な人の4つの特性

どの特性も生まれつきでなく、生きる手段として身につけたもの。いまからでも変えられる。

「あなたをもっと知りたい」の姿勢でかかわる

相手の話したいことに、心を集中させて

積極的・攻撃的な特性、消極的な特性に心あたりがある人も、あきらめることはありません。大事なのはつねに共同体感覚の発揮。自分の関心以上に、相手の関心に目を向けることです。

人と話す次の機会で、聞き手に徹する練習をしてみましょう。5分間は相づちしか打たず、意見をいっさいはさまないようにします。相手が何を感じ、考え、伝えたいかだけに心を集中させます。これはカウンセリングの傾聴トレーニングでも使われる、基本的な手法です。

大切なのは心からの関心をもち、尊重して聞くこと。うわべだけあわせても意味がありません。人の考えや行動に正解・不正解はないので、「この人はこう思うんだ」と、ありのままを受け止めてください。

自分の意見はあっていい。でも一度、脇に置こう

簡単そうに見えて、やってみると結構大変です。とくに悩ましいのが、自分の考えが頭に浮かぶことです。

自分の意見はもっていてかまいません。人にはそれぞれの価値観があり、あなたの関心も尊重すべきものです。ただし相手が話しているときにはいったん脇に置き、相手の関心に注意を向けるようにしてください。

親しい相手ほど、口をはさみたくなることもあります。相手の関心事に、「それって何がおもしろいの」と、否定的発言をするなどです。人間ですし、ときどきは大丈夫。でも、日常的に批判ばかりするのは避けましょう。

言われた側は、感情的に反応しないように注意してください。「そういうこと言われるとちょっと苦しいな」と、落ち着いてやわらかく伝えられるといいですね。

友人や家族とも、水平関係を築く

親しさゆえに、無遠慮になることもある

「親しき仲にも礼儀あり」とは、よくいったもの。親密な関係では、人はつい無遠慮になります。一方で、制限ばかりの関係では息苦しくなります。勇気をもって人間関係を広げたり、パートナー関係を見直そうとしたのに、「やっぱ1人がいい」となるのはあまりに残念です。

相手自身を否定しなければ、多少の無遠慮さは許容と考えて。たとえばパートナーが好きな映画について、「日常を淡々と描くやつね」「オチがない」と言う程度なら、意見交換の範囲内でしょう。

どちらかというと、自分への尊敬・信頼、相手への尊敬・信頼がベースにあることが大事です。水平関係でたがいを尊重していれば、意見を率直に言い合っても、相手を傷つけることはありません。

「自分こそ正しい」と、意見を押しつけあっていない？

私立のほうが絶対いいって！

公立でいいって言ったじゃん

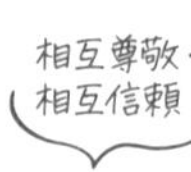

相手の思いをまず聞いてから、自分の意見を伝えよう

何らかの結論を出さないといけないときに、このような押しつけあいになりやすい。

ときにはケンカもアリ。でも目的を忘れずに！

無遠慮すぎる発言に腹がたち、ケンカすることもあるものです。パートナーや家族、親しい友人だからできること。たまにはケンカしたってかまいません。

大事なのは目的を見失ったり、すり替えないことです。劣等感の強い人は、相手を非難し、自分の正しさや優越性を示そうとしがちです。積極的・攻撃的な特性に心あたりがある人は、少し黙って話を聞くよう心がけましょう。反対に消極的な人は、ケンカの際に黙り込むことも。伝えたい思いがあるなら、できるだけその場で口にします。

ケンカするときは、落としどころを明確にしてください。上記のように結論を求める場合は、相手の考えをまず聞きます。そのうえで自分の意見も伝え、どちらも尊重しながら話し合うのが基本です。

相手に望むことは、Iメッセージで伝えよう

「なんで家事やらないの!!」では、関係が悪化する

パートナー間でのケンカの原因の1つが、家事・育児の分担です。社会の価値観が大きく変わる一方で、実態としてはいまも妻の役割。2022年の調査でも、家事分担は妻が約81%、夫が約19%でした（国立社会保障・人口問題研究所）。妻の多くは不満に感じています。

男女間の不公平感に、アドラーはいち早く着目していました。結婚は2人でおこなう仕事と指摘。共同体感覚が育っていない人は、恋愛や結婚の準備ができていないと考えました。大事なのは、「2人は完全に対等」という前提のもと、協力しあう姿勢です。一緒にやっていくと決めた以上、共通の課題として話し合うしかありません。「なんでやらないの」の非難ではなく、左のようなかかわりを意識し、よりよい協力関係を築いていきましょう。

対等な関係にふさわしい伝えかた、考えかたを

「いまどきは」「普通は」といっても、非難にしか感じられない。相手の都合や思いも尊重しよう。

Ⅰ アサーティブに伝える

例

私も仕事が忙しいから、これをやってくれるとすごい助かる

私はこういうふうに思ってるんだよね。あなたはどう？

自分を主語にして、何をしてほしいかを具体的に依頼する。「嬉しい」「助かる」「ありがとう」の勇気づけワードを使い続けて。意見を言うときもたがいを尊重。

Ⅱ 正論を押しつけない

例

私は「〇〇が当然」って思い込んでたけど、たしかにそういう見かたもあるよね～

ひょっとして、こういう気持ちがあったりする？

対等な関係が前提とはいえ、平等のありかたはカップルごとに違う。正論を押しつけず、相手の思いを聞いて肯定したうえで、自分たちにとっての最善を探ろう。

Ⅲ 「すべき思考」を手放す

例

私は〇〇であるべき

⇒本当はどうしたい？　どうなりたい？

あなたは〇〇であるべき

⇒本当はどうしてほしい？　どうなってほしい？

「男だから〇〇でないといけない」「妻（夫）なら〇〇すべき」といったすべき思考があると、相互理解も協力関係もむずかしくなってしまう。

パートナーや家族、友人を勇気づける言葉とは？

「ありがとう」「嬉しい」「助かる」を言い続ける

パートナーや家族、友人に対しても、勇気づけはつねに必要です。「ありがとう」「嬉しい」「助かる」を口癖にしていけば、関係は確実によくなります。

ときには不服に感じることもあるかもしれません。家事分担の例では、「男女平等は当然だから、〝してくれると助かる〟はおかしい」と感じるなどです。その背景には、自分が正しく相手が間違っているという考えがあります。アドラー心理学における「権力闘争」の一種です。

その解決策は、内心で不服に感じても、勇気づけワードを使い続けること。人の心には認知的整合性の法則があり、自分の考え（認知）と行動の矛盾に耐えられません。表向きだけでも行動を変え続ければ、協力と貢献の関係に、心からの喜びを感じられるようになっていきます。

「どうしたの」程度でくじけず、勇気づけワードを毅然と使い続ける。

「急にどうしたの」と言われたってかまわない

これまで上から目線だったり、ぞんざいな物言いをしてきた人は、照れくさくなるかもしれません。勇気もたくさん必要です。それを乗り越えて日常的に言えるようになったら、自身の成長に喜びを感じられるはずです。

「急にどうしたの」と言われても、気にせず使い続けてください。「いままでちょっとえらそうだったから、言いかた変えようと思うんだ」と伝えられたら、それも素敵です。

昨今では、リタイア後の男性の居場所が社会問題化しています。「俺が稼いで養っている」と家父長気分でいた人も、変化を余儀なくされます。でも、人は何歳からでも変われますし、退職はそのチャンスかも。上から目線で人を支配しようとするか、「ありがとう」「嬉しい」の言葉でよりよい関係を築き直すか。それも自分自身の選択です。

子育ても同じ。勇気づけが人を育てる

子どもに必要なのは、困難に立ち向かう勇気

人々はなぜ、これほどまでに勇気をくじかれているのか。状況を変えるため、アドラーが見出した答えの1つが教育でした。教育は1人1人の強みを引き出し、ライフスタイルを方向づけるとり組みです。

学校だけでなく、家庭での教育も重要です。親の高い期待や要求、きょうだい間の争いなど、子どもの勇気をくじく要因が家庭には数多くあるからです。親が子どもに勇気づけをし続ければ、子どもは自分を信頼し、人生を肯定的に受け入れられます。くり返し立ちはだかる課題に直面し、リスクを引き受ける姿勢が養われます。

まずは存在をありのままに認め、肯定しましょう。そのうえで「ありがとう」などの勇気づけワードをかけ続け、所属や貢献の感覚を養っていきます。

つい叱ってしまったときは失敗を認めて謝ろう

子どもはよくも悪くも親をモデルに生きる。親の勇気がまず求められる。

失敗から学ぶ姿を、親自身が見せていく

子どもが相手でも、垂直ではなく水平の関係が前提です。「言うことをきかない！」と腹がたったときは、その前提を思い出してください。

とはいえ、私たちは皆不完全な生きものです。つい叱ってしまうこともあります。「叱ってはダメ」「ほめてもダメ」と意識しすぎると、親の自己肯定感が下がることも。親になっても失敗はします。失敗し、そこから学ぶ姿を親自身が見せていけばいいんです。

叱ってしまったときはまず、非を認めて謝ります。相手を対等な存在とみなしていれば、勇気をもって謝れるはず。そのうえで、失敗から得た気づきや学びを伝えます。子どもはその姿勢に勇気づけられ、自分の仲間にも共同体感覚を発揮できるようになります。

望む反応が得られなくても、勇気づけを続ける

勇気づけても、相手が変わらないことはある

アドラーの教えは常識、といわれることがよくあります。けれど当たり前を実践するって本当にむずかしい。頭で理解できても、行動で実践できるかは別です。

パートナーへの勇気づけもその1つです。「自分は感謝を示しているのに、相手は何も変わらない」などと、つい腹をたてることもあるでしょう。

でもアドラー心理学は、他人の行動変容を目的としません。変えられるのはつねに自分自身。相手の変化を願うかぎり、イライラや失望、落胆を抱え続けます。人が自分の望む行動をすることなど、ほとんどないことを忘れずに。結婚生活の基礎となる「受容」は、個々の行動ではなく、相手の存在自体を受容することです。それができてはじめて、問題をともに解決することができます。

見返りより、自身のアクションに焦点をあてる

勇気づけでは、相手からの見返りではなく、自分がどれだけ実践できたかにフォーカスしてください。自分からより多く信頼し、感謝する。これができるだけで大変な成長です。その気づきと喜びに目を向けます。

ケンカの際に先に謝るのも同じです。相手も謝ってくれて仲直りできたら成功、という話ではありません。自分から先に非を認められる、その勇気に価値があります。「だから言ったじゃない」と責められたときは、相手の目的を考えて。優越コンプレックスから優位に立とうとしているのなら、必要なのはやはり勇気づけです。

「結婚とは自分のすべてを与えること」とアドラーが述べたとおり、大切なのは自分が相手にできることです。「愛をくれるから愛する」の理屈ではないのと同じです。

パートナー間では課題の分離と共有が肝

「オレちょっと、仕事辞めてくる」と言われたら

解決すべきことが目の前にあるとき、誰の課題かを考える。これはアドラー心理学の大事な教えの1つです。けれどパートナーや家族間では、うまく分けきれないこともありますね。たとえば夫が「仕事辞めるわ」と言い出したら、妻は焦ります。大半の家庭が共働きとはいえ、家のローンや教育費などの見通しも変わってしまいます。

課題の分離は、相手の課題に関与しないことを意味しません。誰の課題かを明確にしたうえで、思いを聞き、ともに乗り越えることをめざします。パートナー関係も家族も小さな共同体ですから、共同の課題にしていくのが理想的な解決法です。夫の離職の場合、最終的な決断は夫自身の手にあります。でも妻側も、「ちょっと待って、それをされると困るかも」と口を出していいんです。

何に行き詰まっているのか、相手の思いをじっくり聞く機会にもなる。

相手の課題であっても、できることはきっとある

アドラーは結婚生活について、通常の人間関係以上の共感力が必要と説きました。相手の目で見て、相手の耳で聞き、相手の心で感じる力です。

相手が課題に直面して苦しんでいるとき、共同の課題を前にしたときこそ、共感力を発揮する場面です。右の例であれば、どうして仕事を辞めたいのか、思いを聞いてみましょう。上司との関係性なのか、結果が出ずに苦しんでいるのか。言葉にするなかで、本人にも気づきがあります。そのうえで、自分が力になれることがあるかを尋ねてください。一方的なものでなければ、意見や提案をしてもかまいません。

子育てで意見が対立する場合も同じです。共同の課題として、対立から協力へ変える力を養っていきます。

パートナーとの関係悪化……「自分に何ができるか」を考えて

結婚は、努力によって成り立つ「2人の課題」

結婚生活は、人生の困難を乗り越える助けとなるもの。一方で、結婚生活自体も大きな課題です。共同体感覚がつねに試されるといっても過言ではありません。

結婚の危機はさまざまな形で立ち現れます。離婚の原因から見てみると、長年の定番は「性格の不一致」。ついで多いのが異性関係、暴力、精神的虐待などです。いずれも、ある日突然降ってくる問題ではなさそうですね。

アドラーの弟子R・ドライカースは、「愛とはつねに気配りをすること」と述べています。恋人時代に交わし合っていた親密さのための気配りが、結婚後、あっというまに薄れることも指摘しました。しかし結婚生活こそ困難な課題と考えれば、気配りすべきは、いまとこれからではないでしょうか。

相手の変化を待たず、自分から動く

その意味でも、相手の関心にどれだけ目を向けられるかは重要です。「自分の大変さを理解してほしい」「ねぎらってほしい」と、愛情や理解、共感をほしがるばかりではうまくいきません。ほしいものを与えてくれない相手を責めていては、事態はより悪化するでしょう。

そして結婚の危機がやってきたときには、「自分に何ができるか」を考えることが解決策となります。

相手の変化を待たず、自分から始める。これはアドラー心理学の実践で共通する姿勢です。結婚における貢献・協力も、自分から始め、努力し続けることで、解決の道が見えてきます。アドラー心理学では離婚を否定的に捉えてはいません。けれども、その前にできることがあるはずだというのが基本的なスタンスです。

不機嫌な態度も、コントロール手段の1つ

不機嫌な態度で、思いどおりになることもある

近年の離婚事由として増えているのが、精神的虐待です。モラハラ（モラルハラスメント）の言葉もかなり浸透しました。倫理や道徳に反するいやがらせで、無視や暴言、人格否定、嫌味などの行為をさします。

不機嫌なふるまいもモラハラの1つにあげられています。「不機嫌なだけで虐待⁉」と感じる人もいるかもしれません。しかし常習的な不機嫌さは、相手をコントロールするために使われます。パートナーを自分より格下の人間として扱い、怒りやイライラをぶつけ続ければ、相手の心は折れるでしょう。怒りやイライラを感じてはいけないわけではなく、目的と使いかたの問題です。多くはライフスタイルに関係し、怒りで人を動かすことを子ども時代に身につけてしまっている人も少なくありません。

「私のことわかって!」をこじらせてない?

「私は何に怒っているんでしょう」クイズも、よくある誤った手段。

本当は何を伝えたいのか、自分に問いかけてみる

怒りやイライラは二次感情であり、背景には一次感情が存在します。代表的なのが不安、恐怖、悲しみ、困惑などです。腹がたったときには、そこに目を向けましょう。パートナーとの関係に不安があるのか、仕事や家事・育児の負担が大きすぎて圧倒されているのか。自分の感情を正しくとらえることが先決です。

その気持ちを理解してほしいなら、素直に、具体的に伝えます。怒りを突然ぶつけられても、相手には理解しようがないからです。

「わかってほしい」からくる怒りは、愛情を求める表現でもあります。けれどアドラーのいうとおり、ほしがるばかりでは結婚生活は成り立ちません。愛情や気遣いがほしいなら、それも自分から与えることです。

「きらわれたくない」と思いすぎると、苦しくなる

何でも我慢して、相手にあわせる理由は？

人にきらわれたくないという感覚、認めてほしいという承認欲求は、誰もがもつものです。人は対人関係のなかで自分の価値を感じるようにできているからです。

ただしそれが強すぎて、イヤなことをイヤと言えないのは考えものです。自分を信頼・尊敬できず、自分の人生を自分でつくる「創造力」（→P14）が奪われます。問題を人のせいにしたり、恨んだりする結果にもなりかねません。結婚生活でも対等な関係を築きにくいでしょう。

このような傾向がある人は、少しずつでも自分の思いを伝える努力を。立場を変えて考えれば、人はそう簡単に人をきらったりしません。パートナーや友人であればなおさらです。イヤなことをイヤと言っただけできらわれるようなら、それは自分でなく相手側の課題です。

見捨てられ不安が強いなら、カウンセリングが必要

きらわれたくない思いが強い人は、「そんなこと言えるわけない」が口癖。自分でつくり上げた強い信念です。

アドラーカウンセリングでは、その信念を打破する意味でも、「本当はどうしたいですか？」「どうなりたいですか？」と質問します。すると多くのクライエントは、「本当は考えがあって、言えるなら言いたい」と答えます。自分自身にこのように問いかけるのも有効で、どう変わりたいかの具体的なイメージが見えてきます。

ただ、パートナーに見捨てられることへの不安が強く、何も言えないようなら話は別です。他者への根本的な信頼をもてない状態かもしれません。カウンセラーのサポートのもとで、幼少期の体験を振り返るなどしながら、課題を乗り越えていく必要があります。

パートナーの浮気や不倫。はたしてその目的は？

自分の価値、力を認めさせたいという目的もある

婚姻関係の前提は、自由より責任を重んじることです。それでも一部の人は浮気をしますし、ときには常習犯レベルの人も。そこには4つの目的があると考えられます。

もっとも考えられる目的は「復讐」。自分を大切にしてくれない相手を傷つけようとすることです。相手の気を引いたり、力を見せつける手段のこともあります。これらは、子どもたちが居場所の確保のために使う手段で、「勇気をくじかれた子どもの誤った目的」といいます。大人であっても、共同体への貢献が身についていないと、こうした不適切な手段に出る可能性があるのです。

パートナーの浮気が発覚したときは、「あなたは何がしたいのか」と冷静に問うてみてください。不適切な手段が有効ではなかったと気づくかもしれません。

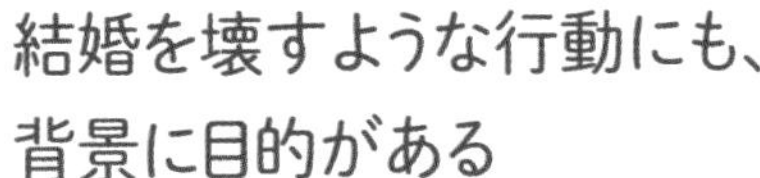

結婚を壊すような行動にも、背景に目的がある

誤った目的で浮気している場合、感情的に反応すると目的を果たすことになってしまう。

アドラーメガネを味方に、幸せになる！

人の幸福を考えると、自分も幸福になれる

アドラーが亡くなった1937年以降も、世界には多くの心理学者が誕生し、多くの理論を発展させてきました。しかしアドラーほど、大きな枠組みで人を見続けた心理学者はいないかもしれません。人はどこに向かって生きるか。困難をどう乗り越えるか。これを個人と世界のつながりから探求し、多くの知見を残しました。

アドラーのいう仲間は、気のあう人々を意味しません。パートナーや家族、友人、職場の人はもちろん、その向こうには人類という仲間がいます。好き嫌いも当然あります。それでも仲間としてかかわり、貢献することにこそ、人生の意味があると考えました。

グローバル社会でありながら、人々が個別の点のように存在しているいま、あらためて学ぶべき姿勢です。

貢献の感覚と他者への関心、どちらも大切に

ビジネス環境や経済格差がシビアになるほど、人は強すぎる優越感や劣等感を抱くようになります。「もっと自分を認めて」と必死に叫んでいるような状態です。

アドラー心理学を学び、実践していくと、こうした欲求は自然となくなります。人との比較ではなく、自分のありのままの価値を認められるからです。足りない部分は、自分で克服するだけでなく、協調によっても補えます。これこそ多様性の本来の価値です。

共同体への貢献の感覚、他者への関心をつねに意識していてください。望む幸せは人それぞれですが、この感覚さえあれば、幸せのために困難を乗り越えていけます。

アドラー心理学を生きかたとして実践できるよう、明日からできることにとり組んでみましょう。

＼ 教えてアドラー先生！ ／

Q1

収入も低いし、結婚なんてできそうにありません

A1

結婚に何を望んでいますか？相手が望むのは何でしょうか

収入・学歴の低い男性の未婚率が高いのは、統計的な事実です。しかし遺伝子が私たちの人生の決定要因ではないように、私たちはデータに沿って生きているわけではありません。自分の人生は自分でつくれます。

「家族を養うこともできないなんて」という、自身の思い込みはないでしょうか？　男女どちらが稼いでもいいというのが、アドラー心理学の古くからの知見です。夫が稼げない場合は、多くの勇気と深い気品をもって、夫婦で乗り越えるという記述もあります（Dreikers R, 1974）。

大事なのは、何のために結婚するか。周囲の結婚、親の勧めなどの社会的・環境的要因でしょうか。それも悪くありませんが、周囲の期待にもとづく結婚では、収入に関する思い込みを打破できないかもしれません。男性を収入で判断せず、「私が稼いでも全然いいよ」という女性と愛し合い、結婚できたほうが幸せかもしれません。大事なのはつねに双方の納得と献身です。

Q2

社会人になってから友だちつくるの、むずかしくないですか?

A2

友だちをせまく捉えず、仲間として広く考えましょう

昨今は友だち事情も変わりつつあります。いないとはずかしい一方で、本音は言わないというのがZ世代の友だち関係といわれます。「友だちのつくりかたがわからない」という悩みも聞かれます。

もう少し上の世代では、「学生時代の友人しかいない」というのが課題。もしかしたら学生時代のように、何でも話せる親友をイメージしているのかもしれません。でも学生時代は、せまい世界で長い時間を過ごすという特殊な環境。興味のなかった相手とも、気づけば仲が深まっていったのには、そんな背景要因もあります。〝友だち〟の言葉に引っ張られず、同じコミュニティの「仲間」「同志」と広く捉えましょう。そこを入り口に、より親しくなる人も出てきます。仕事でも趣味のコミュニティの人でも、相手の関心に関心を示せば、いつでも仲間になれます。年齢や職業、役職に対する偏見、プライドにとらわれないことも大切です。

水平関係 …… **84**, **86**, 88, 158, 181, 196
ストレス …… 24, 38, 40, **70**, 117
ストレングス …… 56, 118

せ セーフガーディング …… **29**, 66, 149, **182**
成功 …… 14, 62, 77, 209
性役割 …… 173
責任転嫁 …… 122, 128, 193
セルフコントロール …… 34, 57
全体論 …… 8

そ 相互信頼 …… **82**, 84, 126, 146, 177, 197
相互尊敬 …… **82**, 84, 126, 146, 177, 197
創造性 …… 37, 57
創造力 …… **14**, 83, 212
ソクラテス式問答 …… 112
嫉み …… 191

た 対人関係論 …… 11, 64
他者非難 …… **29**, 57, **66**
他者理解 …… 37, 168

ち 躊躇する態度 …… 62
注目 …… 36, 113, **215**
長期的目標 …… 9, 50

と 逃避 …… 26
独創性 …… 115
ドライバー …… **34**, **40**, 48, 51, 103, **106**, 114

に 認知 …… 13, 200

ね 妬み …… 66

は 排除傾向 …… 183
恥 …… 63, 181, 189

ひ 引っ込み思案 …… 192
平等 …… 57, **67**, 113, **154**

ふ 不安 …… 9, 70, 75, 183, **188**, **193**, 203, 211, 213
不完全である勇気 …… **52**, **60**, 176
不機嫌 …… **64**, **92**, 113, **210**
復讐 …… 214
不公平(感) …… 104, 128, 145, **154**, **156**, 198
不平等(感) …… 37, 67
プリーザー …… **35**, **44**, 51, 103, **110**, 121

へ ベイビー …… **35**, **46**, 48, 51, 103, **112**, 114, 121

ほ 補償 …… 26
ほめ言葉 …… 86, 144

み 見捨てられ不安 …… 213

む 無気力 …… 215
無力感 …… 31, 35, **93**

も 目的論 …… 6
目標の一致 …… 120, 129
モチベーション …… 121

や やわらかな決定論 …… 15

ゆ 優越感 …… **30**, 32, 217
優越コンプレックス …… **30**, 84, 161, 164, 205
優越性 …… 69, 145, 197
勇気くじき …… **80**, 177, **186**
勇気をくじかれた子どもの誤った目的 …… 214

ら ライフタスク …… 176, 182

り リーダーシップ …… 57, 111, 175

れ 劣等コンプレックス …… **28**, **30**, 58, 65, 66, 146
恋愛 …… 186, 198, 213

ろ 論理的結末 …… 123

あ
愛のタスク …… 175, 177
Iメッセージ …… 198
アサーティブ（な表現）…… **150**, **152**, 199
As if思考 …… 180
アドラーカウンセリング …… 213

い
言い訳 …… 9, **29**, 62, 149, **180**, **183**
怒り …… 7, **64**, 81, **92**, 124, 153, **210**, 215
依存 …… 38, 113, **213**

う
うつ（病）…… 9, **70**, 125, 133, 140

え
エキサイトメント・シーカー …… **35**, **48**, 51, 103, 114

お
臆病 …… 193

か
カウンセリング …… 65, 70, **75**, 89, 167, 194, **213**
家族布置 …… 36
課題の分離 …… 113, **116**, **206**
完全性 …… **52**, 61, 69
完全をめざす勇気 …… 60
完璧主義 …… 34, 37, 42, 109

き
器官劣等性 …… 27
脅威 …… 28, 36
共感（力）…… **119**, 135, 149, 190, 195, **207**, 209
共通の課題 …… **117**, 125, 138, 198
共同の課題 …… 123, 155, 206
恐怖 …… 183, 211
虚栄心 …… 31, 176, **191**, 192
拒絶 …… 191, 193

け
傾聴 …… 135, 194
軽蔑 …… **29**, 67, 182
結婚 … 181, 198, 204, **208**, 213, **218**
結婚生活 …… **207**, **208**, 211, 212
ゲッター …… **34**, **38**, 51, 103, **104**
原因論 …… 7, 96
現象学 …… 12
権力闘争 …… 7, **200**, **215**

こ
コーチング …… 53, 72, **74**, 102, 112
攻撃性 …… 183
攻撃的 …… **190**, 194, 197
幸福（感）…… 5, 39, 119, **130**, 132, **216**
交友のタスク …… **175**, 177, 181
子育て …… 202, 207
孤独 …… 7, 180, 186, **192**
コモンセンス …… **98**, 100, **136**, 187
コントローラー …… **34**, **42**, 51, 103, **108**

さ
罪悪感 …… **29**, 45, 167
先延ばし …… 62, 188

し
幸せ …… **130**, 176, **216**
自己決定 …… 163
自己肯定感 …… 46, 203
自己受容 …… 146, 148
仕事のタスク …… 175, 177
自己非難 …… 29, 57
自己防衛 …… 29
自己理解 …… 37, 52, 168
自己理想 …… 27, 32, 53
自然の結末 …… 123
自尊心 …… 29, 63, 92, 94, 140, 182
嫉妬 …… **66**, 174, **191**
失敗 …… 29, 60, **90**, 109, 120, **122**, 203
私的論理 …… **98**, **100**, **136**, 140, 147
社会的関心 …… 134
社会統合論 …… 10, 64
社会脳 …… 119, 130
出生順位 …… 36, 102
消極的 …… 190, **192**, 194, 197
承認（欲求）…… 110, 144, **148**, 150, 212
使用の心理学 …… 56, 149
所属（感）…… 53, 54, **133**, 135, 202
人生の意味 …… 5, 11, 49, **131**, **172**, 216

す
垂直関係 …… **84**, **86**, 140, 190

「実体二元論との対決(1):主体について」坂井賢太朗, 京都大学文学部哲学研究室紀要 vol.13:83-95, 2010
「社会科学的概念構成の主観性と科学性(1):ウェーバー『客観性』(1904年)論文の解読から」
岡部洋實, 經濟學研究 vol.48(3):156-169, 1999
「社会脳からみた意識の仕組み」苧阪直行, 基礎心理学研究 vol.35(1):14-19, 2016
「社会脳に表現された自己と他者」苧阪直行, 日本學士院紀要 vol.73(2):57-81, 2019
「職場におけるストレス・コーピング」鎌田 穣, アドレリアン vol.11(3):215-222:1998
『人生の迷いが消える　アドラー心理学のススメ』向後千春著、2016(技術評論社)
「心理療法の構造分析Ⅲ〜スピリチュアル・セラピーの技法〜」大竹優子, アドレリアン vol.26(1):12-27, 2012
「心理臨床の対話における非言語コミュニケーション—映像解析による検討—」
長岡千賀, 心身医学 vol.60(7):603-607, 2020
「Strengths-based positive psychology interventions:A randomized placebo-controlled online trial on long-term effects for a signature strengths- vs. a lesser strengths-intervention.」
Proyer RT et al., Frontiers in Psychology vol.6:00456, 2015
「Social intelligence and the biology of leadership.」
Goleman D & Boyatzis R, Harvard Business Review vol.86(9):74-81, 2008
「青年期における過剰適応と見捨てられ抑うつとの関連」山田有希子, 九州大学心理学研究 vol.11:165-175, 2010
「Does Adlerian theory stand the test of time:Examining individual psychology from a neuroscience perspective.」Miller R & Taylor DD, The Journal of Humanistic Counseling vol.55(2):111-128, 2016
「Teaching to empower:Leveraging the neuroscience of now to help students become self-regulated learners.」Imad M, The Journal of Undergraduate Neuroscience Education vol.20(2):A252-A260, 2022
「デカルト的な心は生き残れるか?—小林道夫『科学の世界と心の哲学』書評—」
太田雅子, 科学哲学 vol.44(1);75-90, 2011
「2018年社会保障・人口問題基本調査 第6回全国家庭動向調査報告書」国立社会保障・人口問題研究所, 2020
「Neuro-empowerment of executive functions in the workplace:The reason why.」
Balconi M, Angioletti L & Crivelli D, Frontiers in Psychology vol.11:01519, 2020
『人間知の心理学〈新装版〉——アドラー・セレクション』アルフレッド・アドラー著、岸見一郎訳、2021(アルテ)
『人間の意味　なにが、あなたの『現実』をつくるのか』
アルフレッド・アドラー著、坂東智子訳、株式会社トランネット翻訳協力、2022(興陽館)
『人間をかんがえる　アドラーの個人心理学入門』アルフレッド・アドラー著、山下 肇・山下萬里訳、2021(河出書房新社)
「脳神経細胞(ニューロン)へ働きかける新しいエンパワーメントの仕組みの解明」
宮脇秀貴, 科学研究費助成事業 研究成果報告書 基盤研究(C), 2015
「脳神経倫理と認識論的二元論—ハーバーマスの試みをめぐって—」浅見昇吾, 医療・生命と倫理・社会 vol.9:82-91, 2010
『脳をみる心、心をみる脳:マインドサイトによる新しいサイコセラピー』
ダニエル・J・シーゲル著、山藤奈穂子・小島美夏訳、2013(星和書店)
「How do children and teachers demonstrate love, kindness and forgiveness?:Findings from an early childhood strength-spotting intervention.」
Haslip MJ, Allen-Handy A &Donaldson L, Early Childhood Education Journal vol.47(5):531-547, 2019
『働く人のためのアドラー心理学「もう疲れたよ…」にきく8つの習慣』岩井俊憲著、2016(朝日新聞出版)
「ビジネスにおけるコーチングの役割:類似手法との比較によるコーチングの明確化」
出野和子, 経営戦略研究 vol.10:31-42, 2016
「ヒトが他者を助けるのは生得的で普遍的であることを示す最近の社会心理学・発達心理学・神経科学研究の紹介」
川合伸幸, 認知科学 vol.21(2):269-276, 2014
『人はどのように愛するのか』ルドルフ・ドライカース著、前田憲一訳、1996(一光社)
「ポジティブ心理学における強み研究についての課題と展望」
阿部 望・石川信一, 心理臨床科学 vol. 6(1):17-28, 2016
『みんな違う。それでもチームで仕事を進めるために大切なこと』岩井俊憲著、2022(ディスカヴァー・トゥエンティワン)
「目的論についての一考察」中島弘徳, アドレリアン vol.11(2):124-127, 1997
『もしアドラーが上司だったら』小倉 広著、2017(プレジデント社)
『勇気づけの心理学　増補・改訂版』岩井俊憲著、2011(金子書房)
「融合社会脳研究の創生と展開」日本学術会議 心理学・教育学委員会 脳と意識分科会, 2017
『ライフ・スタイル診断』バーナード・H・シャルマン & ハロルド・H・モサック著、前田憲一訳、2000(一光社)
「ライフスタイル論を基調としたアドラー心理学の理論構成」角野雅芳, アドレリアン vol.13(1):1-13, 1999
「ライフタスクの満足度と重要度および共同体感覚が幸福感に及ぼす影響」
阿部田恭子・柄本健太郎・向後千春, 日本心理学会第81回大会:94, 2017
「臨床心理学において『関係』を重視すること」八巻 秀, 個人心理学研究 vol.1(1):9-16, 2020
「令和4年『労働安全衛生調査(実態調査)』の概況」厚生労働省, 2023
「論理的結末」野田俊作, アドレリアン vol.7(1):1-7, 1993
『What life should mean to you.(Porter A. Ed.)』
Adler A, Martino Publishing, 2010〈Original work published 1931〉

参考文献

『アドラー“実践”講義 幸せに生きる〜今すぐ人生に効く9つのワーク』向後千春著、2015（技術評論社）
「アドラー心理学から見た青年期の二分脊椎症者における精神的健康」藤田裕一, 社會問題研究 vol.59：133-145, 2010
『アドラー心理学入門　よりよい人間関係のために』岸見一郎著、1999（KKベストセラーズ）
『アドラー心理学の基礎』ルドルフ・ドライカース著、宮野 栄訳、1996（一光社）
「アドラー心理学の基本前提（2）全体論」野田俊作, アドレリアン vol.1（1）：1-4, 1984
「アドラー心理学の理論・思想・技術　セオリーとエピソード」角野雅芳, アドレリアン vol.7（2）：1-10, 1994
『アドラー心理学を語る1　性格は変えられる』野田俊作著、2016（創元社）
『アドラー心理学を語る3　劣等感と人間関係』野田俊作著、2017（創元社）
『アドラー心理学を語る4　勇気づけの方法』野田俊作著、2017（創元社）
『アドラー心理学を深く知る29のキーワード』梶野 真著、岩井俊憲監修、2015（祥伝社）
「アドラー心理学を学ぶ 〜アドラー心理学が今の日本に問いかけていること」
八巻 秀, 東洋英和女学院大学心理相談室紀要 vol.21：2-10, 2018
「アドラー心理学を理解するための、臨床心理学の基礎の基礎（3）—来談者中心療法—」
中島弘徳, アドレリアン vol.23（3）：236-239, 2010
「Adler's individual psychology：The original positive psychology.」
Watts RE, Revista de Psicoterapia vol.26（102）：123-131, 2015
『アドラーに学ぶ部下育成の心理学』小倉 広著、2014（日経BP社）
『アドラーをじっくり読む』岸見一郎著、2017（中央公論新社）
「アドレリアン・コンサルテーションの理論と実践」浅井健史, コミュニティ心理学研究 vol.19（1）：94-111, 2015
「A meta-analysis of work demand stressors and job performance：Examining main and moderating effects.」
Gilboa S et al., Personnel Psychology vol.61（2）：227-271, 2008
「アルフレッド・アドラー〜フィクションとしての心理学〜」野田俊作, アドレリアン vol.26（3）：181-185, 2013
『生きる勇気　なにが人生を決めるのか』
アルフレッド・アドラー著、坂東智子訳、株式会社トランネット翻訳協力、2020（興陽館）
「Introduction. Social intelligence：From brain to culture.」Emery NJ, Clayton NS & Frith CD, Philosophical Transactions of the Royal Society B vol.362（1480）：485-488, 2007
「When theory and research collide：Examining corelates of signature strengths use at work.」
Littman-Ovadia H, Lavy S & Boiman-Meshita M, Journal of Happiness Studies vol.18（2）：527-548, 2017
「越境場面における個人を理解するための枠組みの提案—アドラーの勇気概念の再解釈を通じて—」
加藤 慧, 言語・地域文化研究 vol.26：149-163, 2020
「過剰適応の要因から考える過剰適応のタイプと抑うつとの関連——風間論文へのコメント——」
日潟淳子, 青年心理学研究 vol.28（1）：43-47, 2016
「『課題の分離』を再考する—包括概念としての「課題の分担」の提案—」八巻 秀, 個人心理学研究 vol.2（1）：33-43, 2021
「基本的心理欲求とアドラー心理学に基づく感情制御のコース設計」
向後千春, 日本教育工学会研究報告集 vol.2：44-51, 2022
「教師によるコーチングスキルの活用が児童の自己効力感に与える効果に関する事例研究」
秋山佳樹・赤坂真二, 上越教育大学教職大学院研究紀要 vol.10：11-20, 2023
「共同体感覚が社会的適応および精神的健康に及ぼす影響についての検討—共同体感覚の形成要因としての養育態度に焦点を当てて—」姜 信善・宮本兼聖, 富山大学教育学部紀要 vol.1（1）：25-46, 2022
「共同体感覚尺度の作成」髙坂康雅, 教育心理学研究 vol.59（1）：88-99, 2011
「共同体感覚の諸相」野田俊作, アドレリアン vol.5（2）：79-85, 1992
『現代に生きるアドラー心理学—分析的認知行動心理学を学ぶ—』
ハロルド・H・モサック＆ミカエル・P・マニアッチ著、坂本玲子監訳、キャラカー・京子訳、2006（一光社）
「『コーチング』の歴史を再構成する〜『人の力を引き出すコーチング術』からの、原型生成の試み〜」
原口佳典, 支援対話研究 vol.1：23-36, 2013
『個人心理学講義　生きることの科学』アルフレッド・アドラー著、岸見一郎訳、2012（アルテ）
「コミュニケーションにおける表情および身体動作の役割」
髙木幸子, 早稲田大学大学院文学研究科紀要 vol.51：25-36, 2005
「Psychological empowerment and job performance：Examining serial mediation effects of self-efficacy and affective commitment.」
Pacheco PO, Coello-Montecel D & Tello M, Administrative Sciences vol.13（3）：1-22, 2023
『The individual psychology of Alfred Adler（Ansbacher HL & Ansbacher RR, Eds.）』Adler A, Basic Books, 1956
「The wind beneath my wings：Effects of social support on daily use of character strengths at work .」
Lavy S, Littman Ovadia H & Boimaan Meshifa M Journal of Career Assessment vol.25（4）, 703-714, 2017
「The practice of character strengths：Unifying definitions, principles, and exploration of what's soaring, emerging, and ripe with potential in science and in practice.」
Niemiec RM & Pearce R, Frontiers in Psychology vol.11：590220, 2021
『The challenge of marriage.』Dreikurs R, 1946（Hawthorn）
「The impact of Adler lifestyle education on resiliency of parents of educable mentally retarded students.」
Tavakolizadeh J, Yazdi ES & Akbary A, Brain-Broad Research in Artificial Intelligence and Neuroscience vol.10（3）：5-11, 2019

監修
梶野 真（かじの・まこと）
一般社団法人日本アドラー心理学協会代表理事、心理カウンセラー、メンタルコーチ

1972年、神奈川県横浜市生まれ。拓殖大学商学部卒業後、社会人経験を経て、ミネソタ・アドラー心理学大学院（Adler Graduate School）にてカウンセリング心理学修士課程修了。2014年に帰国し、2016年より一般社団法人日本アドラー心理学協会代表理事に就任。千村クリニック心理カウンセラー、日本支援助言士協会顧問、拓殖大学ボクシング部メンタルコーチ、日本個人心理学会常任理事も兼務する。専門はアドラー心理学、心理カウンセリング、コーチング、キャリアカウンセリング。アドラー心理学プラクティショナー（実践者）、アドラーカウンセラーの養成に力を注ぐ。著書に『アドラー心理学を深く知る29のキーワード』（祥伝社）がある。

STAFF
本文デザイン　ベランダ（小野口広子）、勝山友紀子
本文イラスト　山口 歩
校正　渡邉郁夫
編集協力　オフィス201（川西雅子）
編集担当　ナツメ出版企画（田丸智子）

本書に関するお問い合わせは、書名・発行日・該当ページを明記の上、下記のいずれかの方法にてお送りください。お電話でのお問い合わせはお受けしておりません。
・ナツメ社webサイトの問い合わせフォーム
https://www.natsume.co.jp/contact
・FAX（03-3291-1305）
・郵送（下記、ナツメ出版企画株式会社宛て）
なお、回答までに日にちをいただく場合があります。正誤のお問い合わせ以外の書籍内容に関する解説・個別の相談は行っておりません。あらかじめご了承ください。

仕事も人生もうまくいく　実践 アドラー心理学

2024年1月5日　初版発行

監修者　梶野 真
発行者　田村正隆
発行所　株式会社ナツメ社
東京都千代田区神田神保町1-52　ナツメ社ビル1F（〒101-0051）
電話 03-3291-1257（代表）　FAX 03-3291-5761
振替 00130-1-58661
制　作　ナツメ出版企画株式会社
東京都千代田区神田神保町1-52　ナツメ社ビル3F（〒101-0051）
電話 03-3295-3921（代表）
印刷所　ラン印刷社

ISBN978-4-8163-7468-5
＊定価はカバーに表示してあります
＊落丁・乱丁本はお取り替えします

Printed in Japan